EL SERVICIO AL CLIENTE COMO ESTRATEGIA COMPETITIVA

Autores
Berenice Rodríguez Rodríguez
Jesús Velásquez Valadez
Jesús Carlos Martínez Ruiz
José Luis Baca Rodarte

Derechos Reservados para esta 1ª edición 2015

© Berenice Rodríguez Rodríguez, Jesús Velásquez Valadez, Jesús Carlos Martínez Ruiz, José Luis Baca Rodarte

©Borderland Studies Publishing House

ISBN : 978-0692592250

RESUMEN

La **calidad** en el **servicio** es un factor primordial para el éxito de la organización y debe ser concebida en función de las necesidades y deseos de los **clientes**. Esta investigación tiene como objetivo, analizar y evaluar la **calidad** del **servicio** que brinda una **empresa** dedicada al ramo de las tintas de impresión, esto para desarrollar un plan de mejoramiento en la **Calidad** del **Servicio** y obtener la **satisfacción** de los **clientes**.

La investigación explica los problemas y variantes del **servicio**. Se realizaron encuestas a los **clientes** para medir la **calidad** y las fallas que está mostrando la **empresa**, basándose en las opiniones de los **clientes** sobre los **servicios** que recibieron. Esto concluye que existe diferencia entre la **calidad** del **servicio** que se da en el Site1 de Hp por lo que se considera que la **calidad** en el **servicio** al **cliente** debe ser una prioridad, para dar una mayor **satisfacción** al **cliente** y un beneficio para la organización.

Se identificaron algunas de las causas y se plantearon estrategias de **Calidad** para que los empleados lo analicen, evalúen e implementen, para asegurar la **calidad** en los **servicios** prestados y tengan la plena **satisfacción** de los **clientes** y el involucramiento de todo el personal de la Organización.

Palabras Clave: Calidad, Servicio, Satisfacción, Empresa, Cliente.

QUALITY CUSTOMER SERVICE AS A COMPETITIVE STRATEGY FOR COMPANY.

(ABSTRACT)

The **service** at company is paramount to the success of the organization and should be designed according to the needs and desires of **customers**. This research aims to analyze and evaluate the **quality** of **service** offered by the **company** , to develop a plan for improvement in the **quality** of **service** and obtain customer **satisfaction**.

The research explains the problems and variants of **service**. Surveys were conducted to **customers** to measure the **quality** and the failures that are showing the **company**, based on feedback from **customers** about the **services** they received. This concludes that there is a difference between the **quality** of **service** provided in Site 1 so it is considered that the **quality** of

customer service should be a priority, to provide greater **customer satisfaction** and a benefit to the organization.

We identified some of the causes and strategies **quality** raised for employees so analyzed, evaluated and implemented to ensure the **quality** of **services** rendered and have the **satisfaction** of **customers** and the involvement of all staff of the Organization.

Keywords: Quality, Service, Satisfaction, Company, Customer.

INDICE

INDICE GRÁFICAS

INTRODUCCIÓN

Propósitos de la Investigación

La presente investigación trata de mejorar la calidad en el servicio que se presenta actualmente en una empresa dedicada al ramo de las tintas de impresión (1939) en ciudad Juárez. La calidad es un aspecto importante que el empresario debe contemplar al iniciar o dirigir una empresa, especialmente la calidad en el servicio debido a que son los clientes los que generan el movimiento económico de la empresa y son la razón de ser de la misma. Actualmente el servicio que se brinda en la empresa de tintas de impresión Site 1 (Oficinas, 2014) de ciudad Juárez es deficiente debido a la falta de cultura empresarial.

Es necesario capacitar a los gerentes, lideres, propietarios o encargados de esta empresa (Leon Yohalmo) para brindarles los conocimientos necesarios sobre los aspectos que integran la cultura Empresarial y específicamente sobre la calidad en el servicio, como una herramienta para diferenciarse de las demás empresas. Para lograr la calidad en el servicio (Pizzo, 2013) es primordial que los empresarios tengan las bases de lo que es la empresa como una forma de organización, conozcan el producto que están ofreciendo, tengan a la disposición los productos cuando el cliente lo solicita, proporcionen las condiciones necesarias al cliente para realizar la compra de algún servicio, y que el personal éste capacitado para ofrecer servicios de calidad, que comprenda y aplique los aspectos que involucra la calidad en el servicio.

La calidad en el servicio a clientes se entiende como cumplir con los requisitos que tiene el cliente, ya que el satisfacerlos debe ser la parte fundamental de la filosofía de negocios y el enfoque central del plan estratégico de toda empresa, el mejorar continuamente los productos y el servicio haciéndolos de calidad significa el elemento clave del éxito de las empresas.

La supervivencia de la empresa se basa en disponer de alguna ventaja competitiva, única y duradera. Hoy en día, una ventaja de tales características no se puede lograr sin una estrategia de calidad, único método capaz de atraer a los clientes y conseguir su lealtad. (Pymes, 2013).

Actualmente en CD. Juárez las empresas (Quijada Santiago, 2014) están en gran competencia por obtener el mayor número de clientes posibles ya que sin ellos no existiría la empresa, y ya no solo se preocupan por la calidad de los productos o servicio que prestan, sino también por la atención que deben brindarles para mantenerlos a gusto, cumpliendo con todas sus expectativas.

Para lograr el éxito o sencillamente sobrevivir, las empresas de servicios deben centrar su desempeño en el cliente. Desde el momento en que el empleado inicia su relación laboral en una empresa de servicios, se debe fomentar en él la creación de una cultura de calidad en la prestación del servicio a cada cliente. Esta cultura de calidad debe estar enfocada hacia la satisfacción total del cliente en cuanto a sus necesidades, deseos y expectativas. Se debe establecer un conjunto de estándares de calidad que no solamente cumplan con las expectativas, sino que las superen.

Por lo anterior se debe prestar más interés en los aspectos de calidad en atención al cliente en nuestra empresa Site 1 (Oficinas , 2014). Por la demanda que existe de calidad en la atención del servicio a clientes es que se aborda este tema para estudio, y la importancia de saber cómo evaluarlo. El proceso de investigación con lleva seleccionar diferentes fuentes de información que puedan aportar mayor claridad al tema de Calidad en el servicio al Cliente para la empresa dedicada al ramo de las tintas de impresión , dentro de estas fuentes de información se buscara establecer contacto directo con clientes para conocer sus experiencias de primera mano. Es importante señalar que existe una necesidad de enfatizar en la información y dar a conocer lo importante que es dar un servicio de calidad a nuestros clientes y cómo impacta al negocio y en la actividad económica del mismo.

Debido a ello se pondrá especial énfasis en establecer cuáles han sido los efectos causados por la actual pérdida de clientes y como esta situación incide en los efectos económicos de la empresa. Así mismo se buscaran alternativas que permitan solucionar y a su vez capacitar a los empleados no solo desde el punto de vista económico sino también desde el punto de vista social que esto puede impactar.

La aplicación de Conocimientos tanto teóricos como metodológicos en la investigación obtenidos mediante las asignaturas del postgrado en Administración será parte fundamental para el desarrollo de la investigación y las consecuentes alternativas que aporten soluciones a los planteamientos desarrollados durante este trabajo.

ANTECEDENTES

Nuestra empresa es un proveedor global de soluciones tecnológicas para consumidores, empresas e instituciones (1939). La oferta de la compañía abarca infraestructura de IT, computación personal y dispositivos de accesos, servicios y procesamiento de imágenes e impresión para consumidores, grandes compañías y pequeñas y medianas empresas. (Mexico)

Los objetivos corporativos de nuestra empresa han guiado a la compañía en sus actividades comerciales desde 1957, cuando sus cofundadores, Bill y Dave Packard (Whitman, Historia, 1939), los redactaron por primera vez. Es una empresa tecnológica que opera en más de 170 países de todo el mundo. La empresa explora de qué manera puede ayudar a la tecnología y los servicios a las personas o empresas a afrontar sus desafíos para hacer realidad sus posibilidades, aspiraciones y sueños.

Aplica nuevos conocimientos e ideas con el fin de crear experiencias tecnológicas más sencillas, valiosas y de confianza; mejorando al mismo tiempo, de manera continua, el modo en que nuestros clientes viven y trabajan. (1939) Ninguna otra compañía ofrece una cartera de productos tecnológicos (Whitman, Productos, 1939) tan completa como nuestra empresa. Dispone de ofertas y de infraestructura que abarcan desde dispositivos de bolsillo a algunas de las instalaciones de súper-computadoras más poderosas del mundo. Ofrece a consumidores una extensa gama de productos y servicios que van desde fotografía digital hasta entretenimiento digital y desde computación a impresión doméstica.

Esta extensa cartera ayuda a adecuar los productos, los servicios y las soluciones correctas a las necesidades específicas de los clientes. (Productos, 1939)

Referente a la calidad, puesto que representa un factor importante en toda empresa será necesario definirla ampliando este concepto para lo cual podemos considerarla según el Dr. Edward Deming como ¨Una serie de cuestionamientos hacia la mejora continua¨ (Deming, 2013) o según el Dr. J. Juran ¨La adecuación para el uso satisfaciendo las necesidades del cliente (Juran, 2013) ¨ otro gran estudioso de los conceptos de calidad es el Dr. Kaoru Ishikawa que la define como ¨Desarrollar , diseñar , Manufacturar, y mantener un producto que sea el más económico , útil y siempre satisfactorio para el consumidor" , algunas de las herramientas en que se basa la administración total de la calidad (Ishikawa, 2013), según el Dr. Ishikawa son : Hojas de control , Histogramas, Análisis de Pareto , Análisis de causa y efecto , Diagrama de dispersión y Gráficos de Control . (Ishikawa, 2013)

Datos concretos

- HP se constituyó en 1939.
- La sede de la empresa se encuentra en Palo Alto (California).
- Mark Hurd es el presidente y director general.
- HP es una compañía incluida en Fortune 11, con 97,700 millones de dólares de beneficios, que generaron 7,000 millones de dólares en crecimiento orgánico durante el año fiscal 2006.

Liderazgo en tecnología

Los tres grupos de negocio de HP son líderes del sector en áreas tecnológicas esenciales:

- Personal Systems Group (división de sistemas personales): PC de empresa y consumo, dispositivos y estaciones de trabajo móviles.
- Imaging and Printing Group (división de procesamiento de imágenes e impresión): impresión por inyección de tinta, LaserJet y comercial, consumibles de impresión, fotografía digital y entretenimiento.
- Technology Solutions Group (división de soluciones tecnológicas): productos para empresas que incluyen almacenamiento y servidores, servicios administrados y software.

Figura Historia de la Empresa (Mexico, 1939)

Aportaciones

La voluntad de HP es ser un activo económico, intelectual y social para cada país y comunidad donde hacemos negocios.

- Las principales áreas de aportación son los residuos electrónicos, la mejora de los estándares de nuestra cadena de suministro global y el aumento del acceso a la tecnología de la información.

Crecimiento

Figura Aportaciones de la empresa (Mexico, 1939)

HP se centra en tres avances tecnológicos que tienen el poder de transformar las vidas y los negocios de nuestros clientes.

- Centro de datos de próxima generación.
- Computación móvil de conexión persistente.
- Impresión y procesamiento de imagen ubicuos.

Figura Avances Tecnológicos de la empresa (Mexico, 1939)

HIPÓTESIS

Emulación de hipótesis

La falta de calidad del servicio al cliente de la empresa dedicada al ramo de las tintas de impresión Site 1, ocasiona bajas ventas en cuanto al servicio brindado y como consecuencia reducción en la cartera de clientes.

Delimitación de variables

Variable Dependiente   Ventas y Clientes

Variable Independiente   Calidad del servicio

Unidades de Observación   Site 1 Cd. Juárez

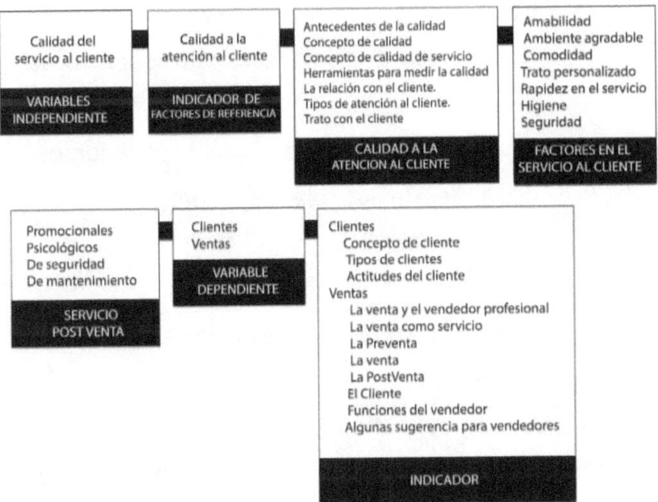

Diagrama Operacionalización de las variables

HIPÓTESIS GENERAL

El Análisis de la situación actual sobre procedimientos de atención al cliente, permitirá la elaboración de un modelo de calidad en el Servicio al cliente para la empresa dedicada al ramo de las tintas de impresión Site 1 .

HIPÓTESIS ESPECÍFICAS

➢ Los objetivos y políticas permiten lograr mayor eficiencia en la prestación de servicios que ofrece Site 1 .

> Los procedimientos de atención contribuyen a prestar un mejor servicio al cliente.

> El aprovechamiento óptimo de los recursos depende de los planes y programas de capacitación.

Las hipótesis planteadas son las que se presentan a continuación:

H1: La calidad del servicio percibida se encuentra asociada con la lealtad, medida como intención de comportamiento.

H2: La calidad del servicio percibida se encuentra asociada con la responsabilidad, medida como comportamiento efectivo.

CAPITULO I

En el primer capítulo se va a desarrollar el planteamiento del problema, el cual está ligado con el objetivo general y los específicos, los cuales también serán mencionados dentro deésta sección. La justificación de la investigación, así como los alcances y limitaciones que se establecerán para este Proyecto.

CAPITULO I

PROPÓSITO Y ORGANIZACIÓN

¿De qué manera la falta de calidad en el servicio, ha afectado la satisfacción de nuestros clientes en el Site 1 de Cd. Juárez?

1. PLANTEAMIENTO DEL PROBLEMA

En la actualidad las empresas han tratado de sobresalir aplicando diversas tendencias administrativas con el objetivo de ser más competitivas en el mundo globalizado. Sin embargo en ciudad Juárez que se ha dedicado por años a la actividad comercial la empresa Site 1- (Oficinas, 2014) Organización de México no ha optado por mejorar, un reflejo inmediato e importante es la atención al cliente que brinda la empresa, presentando clientes insatisfechos que generalmente se quejan unos y otros de la baja calidad en el servicio, esta característica se debe principalmente a la falta de preparación, de conocimiento de los empresarios, líderes y hasta los mismos empleados. Site 1- Organización (Oficinas, 2014) requiere de una mejora en la calidad de sus procesos y de una consolidación en la imagen del propio, esto es debido a los cambios recientes de estos tiempos, tanto en el ámbito gubernamental, como en el ámbito comercial y social, en la que los clientes y la sociedad demandan constancia e imagen en la calidad de los productos y servicios que ofrece la empresa. La aplicación de algunas técnicas de evaluación y análisis las cuales son muy útiles para la mejora de los procesos, así como para reducir la variabilidad existente y aun para controlar la calidad del servicio a nuestros clientes, ha sido la **problemática** para el centro de trabajo (Oficinas, 2014) principalmente para el grupo del Site 1. El centro de trabajo no utiliza las técnicas de evaluación y análisis adecuadas y por ende no desarrollan un análisis de la calidad en el servicio a nuestros clientes esto para la toma decisiones que repercuten en la variabilidad del proceso, y si las usan no saben cuál y como utilizarlas apropiadamente, además de desconocer que beneficios recibirá la organización. Las principales causas de lo anterior se deben a lo siguiente:

- Se desconoce los beneficios de utilizar técnicas de evaluación y análisis, ya que a falta de una inducción a las mismas donde se explique la importancia de aplicarlas en los procesos vitales de una organización ha implicado este desconocimiento y por ende no se obtienen buenos beneficios.

- Derivado a una falta de capacitación en la aplicación de estas técnicas, desconocen como implantar apropiadamente las herramientas y técnicas para el proceso;

- El Departamento de Atención a cliente tiene gran cantidad de información generada de sus procesos vitales y el problema no es la información, sino el desconocimiento de que datos son necesarios y útiles para analizar el proceso, los cuales nos proporcionen resultados para la toma de decisiones y por ende no afecte el servicio que se le da al cliente .

- Se desconoce que herramientas de evaluación, de las que comúnmente se usan, hay que utilizar para el análisis de la información o datos del proceso. Actualmente existe una gran cantidad de técnicas, de las cuales se pueden utilizar para el control y mejora del proceso, pero, ¿cuál es la apropiada? Entonces, falta información teórica de las distintas técnicas más viables para aplicar en sus procesos.

- No cuentan con una metodología apropiada que los guie para implantar las técnicas, y esto es provocado por un desconocimiento tanto de los beneficios como de los pasos para realizar la implantación.

- Desconocen que las gráficas o resultados estadísticos, requieren de una interpretación para la toma de decisiones para beneficiar el desempeño de los procesos. Esto es debido a la falta de conocimiento de los criterios o patrones para analizar las gráficas y resultados de la estadística generada.

- No se realiza un Análisis del servicio prestado a nuestros clientes y el cual esto puede afectar en la perdida de nuestra Cartera de Clientes.

Con el fin de que el proyecto de tesis contribuya a dar solución a las distintas problemáticas que tiene actualmente uno de los Sites de CD. Juárez (Oficinas, 2014) principalmente para el grupo de Site 1, a fin de desarrollar eficazmente un sistema de calidad en el servicio.

La implementación de técnicas contribuirá para un propósito, ya que derivado del análisis de la información, se lograra tomar decisiones con relación al servicio al cliente, el control y estabilidad de los procesos, asegurando hasta la mejora en el desempeño del grupo, organización y reducción de la variabilidad que pueda tener los procesos.

1.1 OBJETIVO DE LA INVESTIGACIÓN

Los objetivos que se persiguen en este estudio e investigación son los siguientes:

1.1.1 Objetivo General

La importancia de la calidad en el servicio al cliente es aplicar las técnicas de evaluación y Análisis necesarias que contribuyan a la mejora en el desempeño de los procesos del Site 1, utilizando herramientas de Evaluación, control estadístico del proceso. Así como también aanalizar los Factores Internos y Externos que generan un deficiente Servicio al Cliente.

1.1.2 Objetivos Específicos

- Análisis de los procesos de atención a Clientes.
- Revisión de los programas de Capacitación del personal.
- Identificar a tiempo cambios o irregularidades que ayuden a definir el porcentaje fuera de especificación del proceso para establecer un mejor criterio de decisión.

- Comprender como ofrecer un servicio de excelencia y como se logra cuando todos como un

  grupo deciden adoptarlo y aplicarlo.

- Cómo identificar las necesidades de sus clientes.

- Aplicar técnicas de evaluación y control estadístico.

- Identificar la capacidad o habilidad del proceso a fin de cumplir con los requisitos especificados del cliente.

- Mejorar con este tipo de estudio y análisis, la eficiencia y eficacia del proceso.

- Asegurar la recopilación de datos e información necesarios para la evaluación de técnicas y análisis.

1.2 FORMULACIÓN DEL PROBLEMA

¿Cómo mejorar la satisfacción del cliente en la Empresa dedicada al ramo de las tintas de impresión Site 1 de Cd. Juárez?

El problema que se intenta resolver puede plantearse a partir de lo siguiente:

Preguntas de Investigación:

> ¿Cuál es el grado de satisfacción de los Clientes respecto a la atención en el Servicio que se ofrece?

> ¿Cuál es el grado de satisfacción de los empleados que demandan prestaciones a este Servicio?

> ¿Qué Factores pueden ser de utilidad para la planificación del Servicio?

> Los factores personales inciden en el Deficiente Servicio al Cliente ofrecido por el grupo del Site 1?

> ¿Las condiciones en las que se encuentra actualmente el grupo del Site 1 servirá para captar nuevos clientes en relación a la competencia?

> ¿La satisfacción de las expectativas de los clientes internos y externos permitirá brindar un servicio de calidad?

> ¿La Investigación de posibles estrategias de Servicio del Cliente permitirán superar el problema del Deficiente Servicio al Cliente?

1.3 JUSTIFICACIÓN

Actualmente es importante para las empresas de servicio conocer las percepciones de sus Clientes en cuanto a calidad y satisfacción. El concepto de calidad y satisfacción ha evolucionado, intentando adaptarse a los continuos cambios en el medio empresarial. Ha pasado de ser tan solo una herramienta de control a convertirse en toda una estrategia empresarial. Con la reingeniería, la calidad se convierte en una estrategia de negocios y en la base para la reestructuración de la empresa.

La calidad de servicio es un concepto complejo que comprende tanto a los elementos tangibles como intangibles que perciben los consumidores al recibir un servicio. De igual manera, representa una de las variables más importantes en la formulación de las estrategias de marketing, la cual ayuda a mejorar la competitividad de la empresa. La lealtad es otro concepto complejo que permite conocer la intención o decisión que asume el consumidor ante el estímulo calidad de servicio. Ambos conceptos se encuentran estrechamente relacionados, según lo muestra (Heskett, 2003) en su modelo y cadena de Valor de Beneficio, el cual forma parte de la información esencial de las empresas, principalmente las de servicios, para el diseño de sus estrategias de calidad de servicio y fidelización de sus clientes, que, finalmente, impactará en sus resultados financieros. La investigación se enfocó en determinar cómo mejorar la calidad en el servicio al cliente como una estrategia competitiva para la empresa Hp Site1 Cd. Juárez .Por qué y el cómo establecer estos conceptos de calidad asociándolo entre conceptos de calidad de servicio, la lealtad, Clientes, empleados, Gerentes etc. considerando su percepción e intención de comportamiento. La metodología de investigación aplicada corresponde a un estudio cuantitativo de corte transversal del tipo descriptivo-correlacional. Se utilizó el método de encuestas para obtener la información a través de un cuestionario estructurado y validado. Este se aplicó a una muestra aleatoria de 6 clientes. Los resultados de la investigación permitieron establecer que hay una baja relación entre la calidad de servicio percibida por el cliente, su lealtad de compra y una módica atención al cliente que brinda la empresa dedicada al ramo de las tintas de impresión Site 1 (Oficinas, 2014). Los clientes mostraron una percepción bajo-favorable hacia la calidad de servicio recibida, así como una módica atención al cliente, considerando la amplia oferta existente de este tipo de empresas. La calidad de servicio fue medida en las dimensiones, evidencias físicas e interacción personal.

De estas, las dos últimas son las que se encuentran más relacionadas con la lealtad medida como intención de comportamiento. Finalmente, se recomienda que las gerencias, líderes, supervisores y empleados del Site 1 pongan mayor énfasis a estas dos dimensiones al momento de definir estrategias orientadas a mejorar la calidad de servicio, lo que traerá como consecuencia mayores niveles de fidelización de los actuales y nuevos clientes. Para efectos de este trabajo de investigación se tomará como referencia la empresa de servicios sólo el Site 1 (atención al cliente) Cd. Juárez, así como algunos otros ejemplos, debido a la experiencia y resultados probados en este rubro.

1.4 CRITERIOS PARA EVALUAR LA IMPORTANCIA DE LA INVESTIGACIÓN

> Importancia. Es Importante la investigación? ¿Para qué sirve?
> Impacto / Clientes: ¿Que alcance o impacto tendrá en la empresa y a los clientes?

- ➤ Implicaciones prácticas: ¿Resolverá algún problema real?
- ➤ Valor teórico. ¿Se llenara algún vacío de conocimiento?
  Puede servir para desarrollar nuevos esquemas de Calidad o Servicio al cliente? ¿Se pueden sugerir ideas, recomendaciones o hipótesis para futuros estudios en la empresa?
- ➤ Calidad / Servicio al Cliente: ¿Sugiere como estudiar más adecuadamente la calidad de nuestro servicio?
- ➤ Empleados: Esto Implicara una Capacitación continua a los empleados?
- ➤ Empresa: Los gerentes y líderes se comprometerán a dar un seguimiento a las capacitaciónes continuas a los empleados de servicio al cliente?
- ➤ Cliente .Se dará un seguimiento a nuestros clientes para poder evaluar la satisfacción total que se brinda a nuestros clientes?
- ➤ Ventaja Competitiva. Dicho proyecto reflejara ventajas a la compañía? Como, Cuando y Porque?

1.5 VIABILIDAD DE LA INVESTIGACIÓN

Con la realización de este trabajo de investigación se tiene como objetivo establecer una buena Calidad en el servicio al cliente en la organización , así como puntualizar claramente la misión, la visión, la estructura, Ventajas, Importancia y el análisis de Calidad en el servicio, para poder facilitar la toma de decisiones a la empresa y llevarla al éxito.

Con este trabajo de investigación se busca poder definir a los competidores con los que se enfrentara la compañía, realizando un análisis de la calidad en el servicio al cliente, esto para poder definir la situación en la que se encuentra actualmente la empresa, mediante la realización de una investigación realizada por medio de una encuesta aplicada algunos de los clientes y así poder conocer cuáles son las necesidades, inconformidades, las Ventajas y desventajas de la calidad en el servicio y las preferencias de nuestros clientes y con ello reiterar la viabilidad del trabajo de investigación.

1.6 EVALUACIÓN DE LAS DEFICIENCIAS

El objetivo general de la presente investigación es evaluar la calidad del servicio prestado por la empresa y sus deficiencias. A continuación se muestra una serie de puntos a evaluar y de las cuales la empresa debe considerar como elemento importante para brindar un servicio de Calidad.

• **Evaluación de la Calidad del servicio:** es igualar o sobrepasar las expectativas del cliente.

• Evaluación de la Calidad del servicio: es la diferencia entre expectativas y percepciones.

• Evaluación de Las expectativas: son promesas que las empresas hacen a los clientes.

• **Evaluación de las percepciones:** son las maneras como los clientes captan los servicios a través de los momentos de verdad.

Evaluación de las dimensiones de la calidad del servicio:

1. Flexibilidad: Implica coherencia en la actuación.

2. **Evaluación de la Capacidad de respuesta:** Hace referencia a la voluntad y destreza de los empleados para proporcionar un buen servicio.

3. **Profesionalidad:** Significa poseer las destrezas y el conocimiento necesarios para prestar un buen servicio.

4. **Accesibilidad:** Implica el acercamiento y la facilidad del contacto del cliente con la empresa.

5. **Cortesía:** Comprende la educación, respeto, amabilidad y consideración del personal de servicio con los clientes.

6. **Comunicación:** Significa mantener a los clientes informados en un lenguaje sencillo y que se les escuche.

7. **Credibilidad:** Implica confianza, honestidad y tener presente el interés del cliente.

8. **Seguridad**: Significa que el cliente esté libre de peligros o dudas.

9. **Comprensión:** Es la adecuación del servicio a las necesidades del cliente.

10. **Elementos tangibles:** Incluyen las pruebas físicas del servicio prestado

Algunas Otras deficiencias:

> Deficiencia 1: es la diferencia que existe entre las expectativas de los clientes y las percepciones del personal de la dirección con respecto a dichas expectativas. También se le conoce como "no saber lo que esperan los clientes" la cual se presenta en el personal directivo de la empresa. Existen tres causas que la provoca: carencia de orientación hacia la investigación de mercados, carencia de comunicación ascendente y excesivos niveles jerárquicos.

➢ Deficiencia 2: es la diferencia que existe entre las especificaciones de calidad y las percepciones del personal directivo con respecto a las expectativas de los clientes. También se le conoce como "establecimiento de normas de calidad equivocadas" e igualmente se presenta en el personal directivo. Existen cuatro causas que la provoca: insuficiente compromiso de la dirección con la calidad de servicio, ausencia de objetivos, establecimiento de normas de servicio inadecuadas y percepción de inviabilidad. (González, 2009)

➢ Deficiencia 3: es la diferencia que existe entre el servicio entregado y las especificaciones de calidad. También se le conoce como "deficiencias en la realización del servicio" y se presenta en el personal en contacto. Siete son las causas que provoca esta deficiencia: ausencia de trabajo en equipo, personal poco calificado para desempeñar las funciones (desajuste entre empleado-función), tecnología pobre para el trabajo a realizar (desajuste entre tecnología-función), ausencia de control percibido, sistemas de supervisión y control inadecuados, conflictos funcionales y ambigüedad de funciones.

> Deficiencia 4: es la diferencia que existe entre las comunicaciones externas a los clientes y el servicio entregado en sí. Esta deficiencia la provocan dos causas: deficiencias en la comunicación horizontal y tendencia a prometer en exceso.

1.7 CONSECUENCIAS DE LA INVESTIGACIÓN

Es necesario conocer los aspectos de la calidad y que el cliente puede medir. Para ello hay que determinar aquellos factores de resultado que pueden ser cuantificables para el cliente, los cuales pueden integrarse a la evaluación de la calidad de servicio percibida.

Las consecuencias de la investigación determinaron revisar los siguientes puntos principales:

> Hay que dar la posibilidad a que se susciten comentarios abiertos para identificar zonas de insatisfacción o de percepción de deficiencias o causas de baja calidad; también hay que estimular a

que los clientes presenten reclamaciones, dudas o sugerencias, puesto que detrás de cada una se encuentra una oportunidad de mejora y, posiblemente, la organización no sea consciente de ello.

➤ Es importante conocer la imagen que tiene el cliente antes de recibir el servicio, la cual está determinada por las percepciones, preferencias y actitudes que el cliente ha tenido como resultado de contactos anteriores con la empresa de servicio. Es imprescindible además, la medición de un componente único de calidad esperada, satisfacción específica, calidad global y satisfacción global, con vistas a conocer la valoración general de la calidad y la satisfacción, y no solamente la valoración por dimensiones y atributos.

➤ Es importante también conocer los comportamientos post compra que realiza el cliente una vez recibido el servicio, en dependencia de si el cliente se encuentra satisfecho o en alguna medida insatisfecho.

1.8 ALCANCES Y LIMITACIONES

La siguiente investigación servirá para mejorar los servicios que se brindan en la empresa Site 1 (1939) de giro comercial, esta investigación no solo servirá específicamente para este Site 1 puede utilizarse para apoyar otros de los Sites de la empresa donde se presente una situación similar, en la que este trabajo pueda apoyar para resolver estas situaciones donde se brinde un servicio.

En primer plano los beneficiados serán nuestros clientes que recibirán un servicio, pero el objetivo primordial de la investigación es mejorar el servicio que presta Site 1 , la cual ofrece productos y servicios en ciudad Juárez (Productos, 1939), Uno de los objetivos que tiene la empresa es el tener a los clientes satisfechos que nos reditué mayores utilidades, evitando de manera indirecta que los clientes acudan a otros mercados de competencia. La investigación dará a conocer el esquema propuesto para mejorar la calidad en el servicio al cliente a través de la Organización en México en coordinación con el Site 1 esto con la finalidad de que los empleados pongan en práctica este esquema, aunque en muchas ocasiones los mismo empleados se resisten a un cambio, pero el objetivo principal es brindar un buen servicio a los clientes ya que estos estarán satisfechos porque se cubrió una necesidad y la empresa mejorará sus beneficios. La única limitante de esta investigación es el tiempo de aplicación, debido a que constantemente a Nivel Regional se generan estudios sobre procesos de mejoras a la empresa y tal vez surgirá una mejor propuesta de mejorar la calidad en el servicio.

1.9 METAS

> - Los resultados de este estudio pueden ser de utilidad para empresas por otras interesadas en la reflexión sobre la aplicación de sus programas enfocados a la calidad en el servicio al cliente.
> - Sugerencias para la toma de decisiones de los directivos con este interés particular
> - Se estudiará por medio de casos el beneficio e impacto que causa la calidad en el servicio al cliente.
> - Conocer el nivel de importancia que le dan los líderes a la calidad en el servicio.
> - Evidenciar la importancia de brindar un servicio de calidad al cliente.

1.10 METODOLOGÍA

El instrumento utilizado para la evaluación de la Calidad del Servicio en el Site1 es un estudio para la obtención de los datos de tipo descriptivo de situaciones y eventos donde se manifiesta la calidad en el servicio. Para sustentar teóricamente el estudio se recurrió a fuentes de información secundarias: tales como Libros, Artículos de revistas, Artículos de páginas de internet citadas en el desarrollo del estudio. El tipo de enfoque que se utilizó para dicho estudio fue de tipo cuantitativo, esto con la finalidad de evaluar, predecir y estimar las actitudes y comportamientos de dicho servicio, para ello se optó por la aplicación de encuesta y así brindar un mayor margen de análisis para dicho estudio.

Los encuestados tuvieron cinco alternativas de respuesta como opción múltiple. Para evitar que los encuestados no comprendieran las preguntas, viéndose afectados la validez y confiabilidad de los resultados, se evitó el uso de palabras técnicas.

Se revisaron las variables y las respuestas obtenidas por nuestros encuestados que se pretendían revisar. El nivel de revisión de cada una de las preguntas fue ordinal considerando cinco opciones de respuesta para cada pregunta. El cuestionario contiene 10 preguntas de opción múltiple.

Al aplicar la encuesta, se reflejó deficiencias en el diseño y estructuración del cuestionario, por lo que se tuvo que hacer cambios en algunas preguntas para obtener respuestas concretas.

También se evitó desperdicio de tiempo y recursos destinados para este trabajo al aplicar esta prueba, ya que evitó tabular y procesar las respuestas de las preguntas mal estructuradas.

PROCEDIMIENTO

- ➢ Búsqueda de información en fuentes bibliográficas, impresas y electrónicas.
- ➢ Validación de Encuestas.
- ➢ Desarrollo de Gráficas en base a las encuestas generadas.

PERFIL DEL ENCUESTADO Y CRITERIOS

Para la aplicación de las encuestas sobre la calidad del servicio se tuvo en cuenta algunos de los clientes, es decir se excluyó de las encuestas a los empleados de Hp Site 1 Cd. Juárez.

FUENTES DE INFORMACIÓN

- ➤ Encuesta aplicada algunos de los clientes de Hp.
- ➤ Para la elaboración de la encuesta se analizó varia información de la empresa, tomando la decisión de crear una encuesta acorde para la empresa.
- ➤ Resultados de la encuesta mostrados a continuación.

VARIABLES

VARIABLE INDEPENDIENTE

La Calidad en el Servicio al Cliente.

Definición Conceptual:

La calidad en el servicio al cliente es la satisfacción total de las necesidades del cliente mediante la prestación de actividades esencialmente intangibles con un valor agregado y el cumplimiento de los requisitos adecuados al producto o servicio.

Es el nivel de excelencia que una empresa decide alcanzar para satisfacer a su clientela.

Definición Operacional:

La calidad en el servicio dirige todos los esfuerzos y recursos de la organización hacia la satisfacción de las necesidades del cliente y a proporcionar un valor agregado al producto y/o servicio.

Un servicio es de calidad cuando las percepciones igualan o superar las expectativas que sobre él se habían formado.

VARIABLE DEPENDIENTE

Estrategia Competitiva

Definición Conceptual:

Estrategia competitiva es un pensamiento estructurado para alterar las fortalezas de la organización, en relación con la competencia, en la forma más eficaz y eficiente.

Definición Operacional:

Con la estrategia competitiva se trata de ganar terreno en forma significativa, pero a un costo razonable.

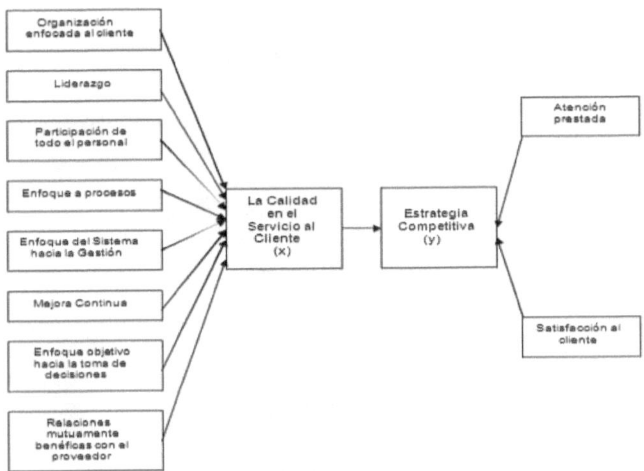

Figura 1.11 La Calidad en el Servicio Al cliente

1.10.1 Revisión de las encuestas

Para el tratamiento de los datos se hizo uso de paquetería de Microsoft Excel. Con lo cual se analizaron las respuestas dadas, producto de la aplicación de la encuesta. Se presentan los resultados en gráficas de porcentaje para visualizar objetivamente el nivel de evaluación de cada uno de los ítems y el comportamiento de los datos resultantes de la encuesta. Se Mostraran más adelante en el CAPITULO IV.

CAPITULO II

Este capítulo se desarrollará el marco teórico, el cual es que consiste en los aspectos conceptuales donde se apoyará el proyecto.

CAPITULO II

MARCO TEÓRICO

Hoy en día las grandes y exitosas empresas centran importantes esfuerzos en calidad y atención al cliente pues se ha entendido que es mucho más caro obtener un nuevo cliente que conservar uno actual. Como lo veremos más adelante ,Además estos esfuerzos se explican fácilmente al observar que por lo general la misión y visión de toda empresa están orientadas a solucionar una necesidad de consumo y a ser reconocida por su mercado (clientes) como una buena opción para satisfacer dicha necesidad.

Pero esta actividad es y debe ser algo más complejo que solo la respuesta a una necesidad, pues para que este sea efectivo la mayoría de los integrantes de la empresa deben estar comprometidos con esta tarea.

Según Álvaro García Forero (Forero, 2012), "El servicio al cliente es como una cadena con muchos eslabones, donde todos tienen que estar en perfecto estado para que el resultado sea un servicio de calidad". El comprender entonces que los objetivos principales de una organización económica giran en su mayoría alrededor de sus clientes como por ejemplo.

2.1 DEFINICIÓN DE SERVICIO AL CLIENTE

Es el conjunto de actividades interrelacionadas que ofrece un suministrador con el fin de que el cliente obtenga el producto en el momento y lugar adecuado y se asegure un uso correcto del mismo.

2.1.1 Definición de Cliente y Servicio

Por lo general se dice que el cliente es aquella persona que compra o alquila bienes o servicios a un individuo u organización. Por otro lado el Servicio según Malcom Peel (Peel, 1990) se define como "aquella actividad que relaciona la empresa con el cliente, a fin de que éste quede satisfecho con dicha actividad".

En el estudio de la economía se observan dos tipos de clientes, el activo que es el que está actualmente adquiriendo el servicio o producto o que lo ha hecho en un periodo corto de tiempo atrás. Por otro lado esté inactivo que es aquel que hizo su última adquisición hace bastante tiempo lo que nos hace suponer que se pasaron a la competencia por una insatisfacción o que simplemente ya no requieren de nuestro producto.

La importancia de esta clasificación radica en que la empresa deberá realizar distintas actividades orientadas en retener a sus clientes actuales brindándoles el mayor nivel de satisfacción posible o investigar las razones por las cuales otros consumidores han detenido su relación con nuestra empresa y prevenir que esto ocurra más en el futuro.

2.1.2 Función del servicio al cliente

Una de las preguntas más importantes que todo empresario debe hacerse es ¿Cómo hacer para atraer nuevos clientes a mi compañía? y aún más importante es ¿Cómo hacer para mantener los clientes que actualmente la institución tiene?

La respuesta a estas preguntas radica en la satisfacción al consumidor y una de las principales formas de obtener esta satisfacción es mediante un excelente y cuidadosamente planeado servicio al cliente. Esto le da a esta actividad una función vital en el progreso de las empresas pues permite darle un soporte crucial al crecimiento y fortalecimiento de nuestra compañía.

La situación que está existiendo en la Compañía (Mexico, 1939) en estos momentos es en ver el impacto que está teniendo en relación al Servicio y la atención a nuestros clientes. Hoy día, la atención al cliente es una actividad desarrollada por las organizaciones con orientación a satisfacer las necesidades de sus clientes, logrando así incrementar su productividad y ser competitiva. El cliente es el protagonista principal y el factor más importante en el juego de los negocios. Por ende intentamos buscar soluciones optimas los aspectos más importantes para lograr competitividad, es identificar las posibles fallas en el sistema de atención al Cliente, mejorar continuamente los procesos y controlar su ejecución de la manera más eficiente posible, además de evaluar la capacidad de su capital humano. Un plan estratégico de capital humano bien diseñado tendría como resultados una excelente atención al cliente, con miras al logro del objetivo corporativo. Por ello es preciso medir las posibles soluciones que obtendremos una vez realizado dicho Análisis y evaluación del servicio. Así mismos debemos comprender la problemática que se presenta y exponer soluciones para una posibilidad de cambio. Nos comentaba nuestro Líder con respecto a este proceso es que Hoy en día no podemos perder el tiempo en buscar soluciones milagrosas, que debemos exponer ideas creativas para mejoras en el servicio y la calidad. Que busquemos la mejora, seguramente detrás de esa mejora veremos que a un es posible otra más. Mejora continúa, es avanzar. Construyamos desafíos, y hagamos realidad los cambios, aprovechemos el aprendizaje para crear innovación y mejora.

2.2 ANTECEDENTES DE LA CALIDAD

Los antecedentes de la calidad (Antecedentes de la Calidad, 2013) se vienen tratando desde la época antigua, ya cuando los jefes de los reyes y faraones exigían mejores materiales y mejores materias primas para su propio beneficio. Un claro antecedente de la calidad lo encontramos en el famoso código Hammurabi 2000 años antes de Cristo (El Codigo de Hammurabi, 2007) hablaba sobre la calidad de las casas, y la posibilidad de ejecutar al albañil si la casa se caía sobre su propietario. En la época de los fenicios, aparecen antecedentes de la calidad en los que se señala que en caso de herramientas mal fabricadas, era posible cortarle la mano al fabricante. 1500 años antes de Cristo, en la época de los faraones egipcios, se utilizaban técnicas para comprobar los bloques de piedras mediante trozos de cuerda, esta misma técnica se ha comprobado que también era usada en las construcciones de América central durante la época de los mayas. Varios siglos después, con la aparición de los gremios y la organización de fabricantes y comerciantes, comenzaron a aparecer diferentes controles de calidad, un claro antecedente de la calidad de hoy en día. Los propios gobiernos fijaban las distintas normas de modo que el individuo que trabajaba conocía exactamente las especificaciones de fabricación, sin necesidad de terminar asesinado o mutilado.

Revolución Industrial: (Antecedentes de la Calidad, 2013) Con la llegada de la revolución Industrial, se comenzó a fabricar todo tipo de productos pero a gran escala, lo que implicaba un mayor control de la calidad. Distintas piezas que se ensamblaban después unas con otras. Todos estos procesos de fabricación en cadena implicaban que toda la cadena de producción se basa en las mismas medidas de control de calidad.

En el siglo XX: La llegada de los avances tecnológicos ha permitido que cualquier clase social se beneficie de todo tipo de productos antes sólo reservados para las clases más altas, millones de productos se fabrican para llegar a un mercado floreciente y cada vez mayor. La especialización está creando un mundo de mercado cada vez más competitivo que exige de nuevas mejoras y nuevas referencias de calidad. (Historia, 2013).

La calidad es un concepto que ha ido variando con los años y existe una gran variedad de formas de idear en las empresas, a continuación se muestran algunas de las definiciones que comúnmente son utilizadas en la actualidad.

A continuación mencionaremos algunos autores que definen que es calidad:

> Edward Deming: Para Deming la calidad es la adecuación para el uso, satisfaciendo las necesidades del cliente. (Crespo, 2010)

> Joseph Juran: Para juran la calidad es la ausencia de deficiencias que puede presentarse, tales como retrasos en las entregas, fallos durante los servicios, facturas incorrectas, cancelación de contratos de ventas, entonces él define qué calidad es adecuarse al uso, es decir la calidad no es otra cosa más que una serie de cuestionamientos a una mejora continua. (Crespo, 2010)

➢ Kaoru Ishikawa: Para Ishikawa la calidad es desarrollar, diseñar, manufacturar y mantener un producto de calidad que sea el más económico, que sea útil y que satisfaga las necesidades para el consumidor. (Crespo, 2010)

➢ Philip B. Crosby: Para Crosby define que la calidad es que tenga lo menos posible de errores, es decir cero defectos, hacer las cosas bien a la primea vez y cumplir con los requisitos del cliente. (Crespo, 2010)

➢ Rafael Picolo: Director General de Hewlett Packard define: " la calidad", no como un concepto aislado, ni que se logra de un día para otro, descansa en fuertes valores que se presentan en el medio ambiente, así como en otros que se adquieren con esfuerzos y disciplina. (Crespo, 2010)

➢ Daniel Inda: Director de Crosb y Asociados de México, define la calidad como: significa buscar cero defectos, hacer las cosas bien a la primera vez y cumplir con los requisitos del cliente. Es un equilibro de elemento como son: Liderazgo, actualización de habilidades, sistema y un ambiente propicio para aplicarlos. (Crespo, 2010)

➢ Harrington: El financiero, la define como: El proceso de mejora continua, que inicia cuando las personas sabes lo que tiene que hacer y lo hacen correctamente, conocen su función y la desarrollan adecuadamente. (Crespo, 2010)

➢ Dr. Mario Gutiérrez: Un artículo tiene calidad si cumple con las especificaciones establecidas. (Crespo, 2010)

➢ Armando V. Feigenbaum: Las define como: El resultado total de las características del producto o servicio que en si satisface las esperanzad del cliente. (Crespo, 2010)

➢ Thomas Peters: La principal aportación de este autor se encuentra en su libro es la búsqueda de la Excelencia, su objetivo era aportar a la teoría administrativa evidencias sobre las características comunes de las empresas exitosas, de tal forma que otras pudieran también serlo si adoptaban los mismos principios. (Shoguns, 2008)

2. 2.1 ¿Que es Calidad?

La calidad (Coello, 2013) pude ser un concepto confuso, ya que cada persona puede visualizar la calidad de diferentes maneras según los diferentes criterios. En un estudio se preguntó a los diferentes administradores de 86 empresas en E.U que definieran la calidad, y se produjeron docenas de respuestas que son:

- ➢ Perfección
- ➢ Consistencia
- ➢ Eliminación de desperdicio
- ➢ Rapidez de entrega
- ➢ Cumplimiento de políticas y procedimiento
- ➢ Proporcionar un producto bueno y utilizable
- ➢ Agradar o satisfacer a los clientes
- ➢ Servicio total al cliente

Por lo tanto es importante definir que la calidad en sí, es como lo percibe el cliente y debemos de ver que opinan ellos, así como los servicios que se le brinda a uno. Para ellos debemos de estar al pendiente de nuestros clientes, ya que es nuestro futuro para la empresa.

2.2.2 Concepto de calidad

La calidad es una cualidad y propiedad inherente de las cosas, que permite que éstas sean comparadas con otras de su misma especie. La definición de calidad nunca puede ser precisa, ya que se trata de una apreciación subjetiva.

Existen múltiples perspectivas desde donde definir a la calidad. Si nos referimos a un producto, la calidad es diferenciarse cualitativa y cuantitativamente respecto de algún atributo requerido. En cuanto al usuario, la calidad implica satisfacer sus necesidades y deseos. Esto quiere decir que la calidad de un producto depende de la forma en que este responda a las preferencias del cliente. También puede decirse que la calidad significa aportar valor al cliente, consumidor o usuario.

La norma ISO 8402 define calidad como el conjunto de características de una entidad, que le confieren la aptitud para satisfacer las necesidades establecidas y las implícitas. La norma UNE-EN ISO 9000:2000 la define como el grado en el que un conjunto de características inherentes cumple con los requisitos No debe confundirse control de calidad Ejemplo: "La calidad de nuestros productos se harán en nuestros escrupulosos controles de Calidad".

La CALIDAD es algo más completo y sólo se consigue con:

> Una definición clara de lo que quiere el cliente.
> Un proyecto bien estudiado.
> Un proceso de fabricación adecuado al producto.
> Una realización escrúpulos a cumpliendo especificaciones.
> Un posterior tratamiento que no degrade el producto. (embalaje, transporte)
> Un buen servicio postventa.

La CALIDAD afecta a todos y cada uno de los componentes de la empresa.
Empresa-Cliente: Cliente final, el que juzga la calidad.

2.2.3 Calidad

La Calidad (Coello, 2013) depende de cómo el cliente la aprecie, porque es el quien recibe el servicio. Como lo dice Tom Peters, (1987) (Peters, 2009) el cliente percibe el servicio bajo sus propias condiciones. Es el cliente quien paga la tarifa o no la paga por una razón o serie de razones que él o ella determinan. Punto. No hay debate. No hay discusión La calidad está constituida por una responsabilidad corporativa, donde están implicados todos los puestos de trabajo, además de cada uno de los aspectos y procesos que la actividad de la empresa incorpora. Los clientes evalúan la calidad de servicio a dos niveles diferentes. Un nivel es el del servicio "regular" y un segundo nivel es cuando ocurre un problema o una excepción con el servicio regular. La calidad en el servicio es una evaluación dirigida que refleja las percepciones del cliente. Berry, Parasuramn y Zeithaml, (1985) (Castillo, 2012) han sido capaces de encontrar cinco dimensiones totales del funcionamiento del servicio: Tangibles, Confiabilidad, Responsabilidad, Seguridad y Empatía.

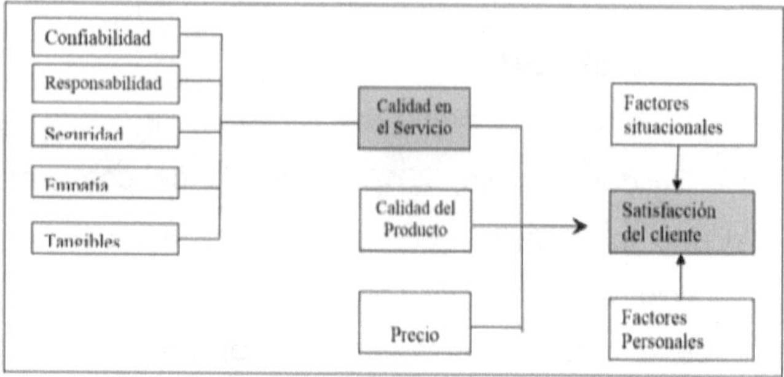

Fuente: Valerie A. Zeithaml, Mary Jo Bitner, Marketing de Servicios, (2002)2ª. Edición, McGraw-Hill, Pág. 94

Figura 2.2.3 Percepción de la Calidad y Satisfacción del Cliente.

Las cinco dimensiones del funcionamiento del servicio dirigen el viaje hacia la calidad de servicio, aunque estas dimensiones tendrán una importancia diferente para los variado segmentos de mercado, en unas bases globales son todas importantes.

En conjunto constituyen la esencia de los mandamientos de la calidad de servicios: Ser excelente en el servicio, intentar ser excelente en las cosas tangibles, fiabilidad, Seguridad y empatía. La mejora del servicio es con mucho una iniciativa humana. La responsabilidad, seguridad y empatía resultan directamente de la actuación, así como la fiabilidad que a menudo depende de la actuación humana. Las expectativas del cliente sobre las organizaciones de servicio son claras y contundentes: debe contar con una buena apariencia, ser responsable, ser tranquilizador por medio de la cortesía y la competencia, ser empático, pero sobre todo, ser digno de confianza. Además de que prestara el servicio que ofreció dar, es decir, que se lograra la promesa de servicio. El modo en que los clientes juzguen un servicio puede depender tanto o más del Proceso del servicio que del resultado del servicio. En los servicio el cómo de su realización es una parte clave del mismo. Los compradores de servicios juzgan la calidad basándose tanto en las experiencias que tienen durante el proceso de servicio como en lo que pueda ocurrir después.

> ➢ Confiabilidad.
> ➢ Responsabilidad.
> ➢ Seguridad.
> ➢ Empatía.
> ➢ Tangibles.
> ➢ Calidad en el Servicio y producto.
> ➢ Precio.
> ➢ Factores Situacionales.
> ➢ Satisfacción del cliente y Factores Personales.

2.3 CALIDAD EN EL SERVICIO

Es uno de los aspectos cruciales para el éxito de toda empresa es el poder brindar a sus clientes un servicio de primera. Muchas veces la diferencia, entre un negocio exitoso del que no lo es, consiste únicamente en la calidad del servicio que prestan. La idea de negocio puede ser exactamente la misma; los clientes van más a uno que a otro exclusivamente por que se sienten mejor atendidos. (servicio, 2013). Mejorar la calidad del servicio de una empresa no depende sólo de la dirección sino que, para que funcione, requiere de la participación activa de todos los miembros del equipo de trabajo de una organización. Pero ¿cómo es que podemos motivar a todo nuestro equipo para mejorar la calidad en el servicio? ¿Qué cambios debemos de hacer en nosotros mismos y en nuestra organización?

2.3.1 ¿A quién se dirige?

Todas aquellas personas interesadas en la definición de alternativas viales para desarrollar y promover la Calidad en el Servicio. Todas aquellas personas que buscan hacer de la calidad en el servicio una cultura de vida reflejándola en su ámbito personal, laboral y social.

2.3.2 ¿Qué beneficios ofrece?

-Proporcionar a sus "clientes", internos y externos, niveles altos, permanentes y auténticos de satisfacción.

-Evitar los errores más frecuentes en los programas de Calidad en el Servicio

-Involucrar al personal de contacto

-Trasformar las quejas en oportunidades

-Crear, entregar y comunicar valor al cliente

2.3.3 Servicio al cliente

Un servicio es una actividad o conjunto de actividades de naturaleza casi siempre intangible que se realiza a través de la interacción entre el cliente y el empleado y/o instalaciones físicas de servicio, con el objeto de satisfacerle un deseo o necesidad. (Kafati, 2010)

2.3.4 Principios en los que descansa la calidad del servicio:

1. El cliente es el único juez de la calidad del servicio.

2. El cliente es quien determina el nivel de excelencia del servicio y siempre quiere más.

3. La empresa debe formular promesas que le permitan alcanzar los objetivos, ganar dinero y distinguirse de sus competidores.

4. La empresa debe "gestionar" la expectativa de sus clientes, reduciendo en lo posible la diferencia entre la realidad del servicio y las expectativas del cliente.

5. Nada se opone a que las promesas se transformen en normas de calidad.

6. Para eliminar los errores se debe imponer una disciplina férrea y un constante esfuerzo.

2.3.5 Características específicas de los servicios

- Los servicios no son tangibles aun cuando involucren productos tangibles.

- Los servicios son personalizados.

- Los servicios también involucran al cliente, a quien el servicio se dirige.

- Los servicios se producen conforme a la demanda.

- Los servicios no pueden ser manufacturados o producidos antes de entregarse.

- Los servicios son producidos y consumidos al mismo tiempo.

- Los servicios no pueden ser mostrados o producidos antes de la entrega.

- Los servicios no pueden ser inspeccionados o probados previamente (corregidos al momento que se dan).

- Los servicios no producen defectos, desperdicios o artículos rechazados.

- Las deficiencias en la calidad del servicio no pueden ser eliminadas antes de la entrega.

- Los servicios no pueden ser sustituidos o vendidos como segunda opción.

- Los servicios se basan en el uso intensivo de mano de obra. Pudiendo comprender una integración inter funcional compleja de diversos sistemas de apoyo.

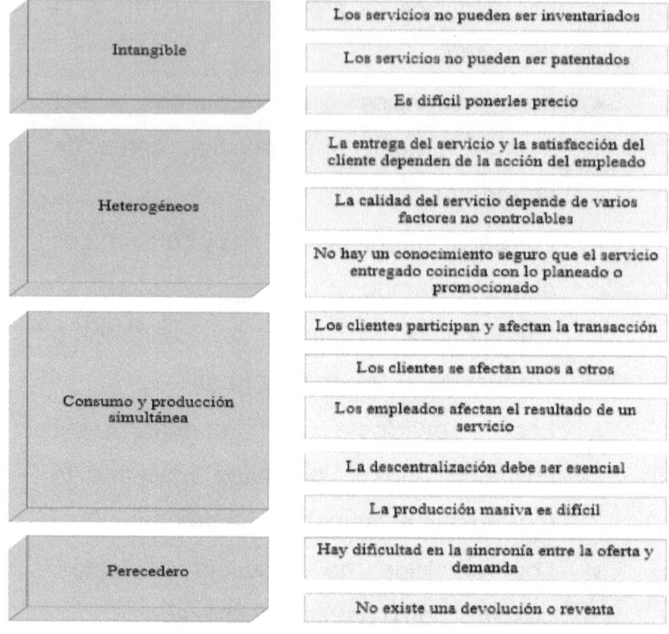

Figura 2.3.5 Características de los Servicios
(A. Paras uraman, 1985, págs. 41-50)

2.3.6 Razones que frenan la implantación de la calidad de servicio

A continuación se exponen una serie de razones que obstaculizan la implantación de la Calidad de Servicio, debido a que con frecuencia, no se cree que:

- Un excelente servicio al cliente puede reportar beneficios.
- El cliente es de buena fe.

- El servicio es una inversión importante.

- Para que el servicio sea de buena calidad es necesario que éste sea conocido por todos los integrantes del mismo.

- Un cliente es ya cliente antes de comprar.

- La calidad de servicio es un dominio prioritario.

- El éxito depende más del mando medio que del personal de línea.

- Los progresos en la calidad del servicio son mensurables, es decir medibles.

- Es preferible conservar los clientes actuales, a buscar otros.

- La falta de calidad del servicio proviene de cada integrante del servicio.

2.3.7 Dimensiones de evaluación de la calidad en el servicio

De la misma forma, Cook y Verma (2002) (Cook, 2002) coinciden en que la calidad en el servicio está íntimamente relacionada con la satisfacción del cliente y la percepción de éste sobre el servicio. He aquí la forma en que los clientes consideran cinco dimensiones para evaluar la

Calidad en el servicio de acuerdo a las dos sentencias anteriores:

> Confiabilidad, Responsabilidad, Seguridad, Empatía y Tangibles.

2.3.7.1 Aspectos sobre los cuales se basa el cliente para evaluar la calidad del servicio:

- Imagen
- Expectativas y percepciones acerca de la calidad
- La manera como se presenta un servicio
- La extensión o la prolongación de su satisfacción.

2.3.7.2 Razones de porque se dirigen con muy poca o ninguna calidad en el servicio

1. Preocupación excesiva por la calidad de los productos manufactureros.
2. Dificultades para definir papeles y funciones de un servicio.
3. Incapacidad para definir las características de la calidad de los servicios.

4. Falta de conocimiento y autoridad para el desarrollo de un modelo de gestión de la calidad total en los servicios.

5. El supuesto de que la calidad en los servicios es de importancia secundaria.

2.3.7.3 Atributos esenciales para operaciones de servicios

- Eficiencia, precisión.
- Uniformidad, constancia.
- Receptividad, accesibilidad.
- Confiabilidad.
- Competencia y capacidad.
- Cortesía, cuidado, entrenamiento.
- Seguridad.
- Satisfacción y placer.

2.3.7.4 Factores claves de las expectativas del cliente en cuanto a un trato de calidad

- Atención inmediata.
- Comprensión de lo que el cliente quiere.
- Atención completa y exclusiva.
- Trato cortés.
- Expresión de interés por el cliente.

- Receptividad a preguntas.

- Prontitud en la respuesta.

- Eficiencia al prestar un servicio.

- Explicación de procedimientos.

- Expresión de placer al servir al cliente.

- Expresión de agradecimiento

- Atención a los reclamos

- Solución a los reclamos teniendo en cuenta la satisfacción del cliente

- Aceptar la responsabilidad por errores cometidos por el personal de la empresa.

2.3.7.5 Razones para un mal servicio al cliente

Pregunte a cualquier consumidor o cliente por qué las empresas dan un mal servicio y él se los dirá. Algunos problemas son comunes en muchas organizaciones: ¿cuántos se aplican en su empresa?

- Empleados negligentes.

- Entrenamiento deficiente.

- Actitudes negativas de los empleados hacia los clientes.

- Diferencias de percepción entre lo que una empresa cree que los clientes desean y lo que estos en realidad quieren.

- Diferencias de percepción entre el producto o servicio que cree dar, y lo que creen recibir los clientes.

- Diferencias de opinión entre lo que la empresa piensa acerca de la forma de tratar a los clientes, y como los clientes desean que los traten.

- Carencia de una filosofía del servicio al cliente dentro de la compañía.

- Deficiente manejo y resolución de las quejas.

- Los empleados no están facultados ni estimulados para prestar un buen servicio, asumir responsabilidades y tomar decisiones que satisfagan a la clientela.

- Mal trato frecuente a los empleados y a los clientes.

2.3.7.6 Los siete pecados capitales del servicio

1. Apatía
2. Sacudirse al cliente
3. Frialdad (indiferencia)
4. Descalificar
5. Actuar en forma robotizada
6. Rigidez (intransigente)

7.   Enviar el cliente de un lado a otro.

2.3.7.7 Los diez mandamientos para un servicio de excelencia y la conservación de los clientes

1.   El cliente es la persona más importante en la empresa.

2.   El cliente no depende de usted, sino que usted depende del cliente. Usted trabaja para sus clientes.

3.   El cliente no interrumpe su trabajo, sino que es el propósito de su trabajo.

4.   El cliente le hace un favor al visitarlo o llamarlo para hacer una transacción de negocios. Usted no le hace ningún favor sirviéndole.

5.   El cliente es una parte de su empresa como cualquier otra, incluyendo el inventario, el personal y las instalaciones. Si vendiera su empresa, sus clientes se irán con él.

6.   El cliente no es una fría estadística, sino una persona con sentimientos y emociones, igual que usted.

7. Trate al cliente mejor de lo que desearía que a usted lo traten.

8. El cliente no es alguien con quien discutir o para ganarle con astucia.

9. Su trabajo en satisfacer las necesidades, deseos y expectativas de sus clientes y, siempre que sea posible, disipar sus temores y resolver sus quejas.

10. El cliente se merece ser tratado con la mayor atención, cortesía y profesionalismo que usted pueda brindarle.

11. El cliente es la parte más vital de su empresa o negocios. Recuerde siempre que sin sus clientes, no tendría actividades de negocio. Usted trabaja para su clientela.

2.3.7.8 Las diez reglas para una excelente atención en el servicio

1. No haga esperar al cliente, salúdelo de inmediato.

2. Dar atención total, sin distracciones o interrupciones.

3. Haga que los primeros 30 segundos cuenten.

4. Sea natural, no falso o robotizado.

5. Demuestre energía y cordialidad (entusiasmo).

6. Sea agente de su cliente (sino puede usted resolver el problema, ayude para ver quién puede).

7. Piense, use su sentido común para ver cómo puede resolver el problema del cliente.

8. Algunas veces ajuste las reglas (si la regla puede ser cuestionada).

9. Haga que los últimos 30 segundos cuenten (dejar una buena impresión).

10. Manténgase en forma, cuide su persona.

2.4 SERVICIO

El **concepto de servicio** proviene del latín *servitium*. (Servicio, 2010) El mismo hace referencia a la acción servir, sin embargo este concepto tiene múltiples acepciones desde la materia en que sea tratada.

Desde el punto de vista **del mercadeo y la economía** los servicios son las actividades que intentan satisfacer las necesidades de los clientes. Los servicios son lo mismo que un bien, pero de forma no material. Esto se debe a que el servicio solo es presentado sin que el consumidor lo posea.

2.4.1 Definición de Servicios, Según Diversos Expertos

> - **<u>Stanton, Etzel y Walker</u>**, definen los servicios "como actividades identificables e intangibles que son el objeto principal de una transacción ideada para brindar a los clientes satisfacción de deseos o necesidades" (en esta propuesta, cabe señalar que según los mencionados autores ésta definición excluye a los servicios complementarios que apoyan la venta de bienes u otros servicios, pero sin que esto signifique subestimar su importancia). (William, 2004)
> - Para **<u>Richard L. Sandhusen</u>**, "los servicios son actividades, beneficios o satisfacciones que se ofrecen en renta o a la venta, y que son esencialmente intangibles y no dan como resultado la propiedad de algo". (Richard, 2002)
> - Según **<u>Lamb, Hair y McDaniel</u>**, "un servicio es el resultado de la aplicación de esfuerzos humanos o mecánicos a personas u objetos. Los servicios se refieren a un hecho, un desempeño o un

esfuerzo que no es posible poseer físicamente". (De Lamb Charles, 2002)

➢ Para la **American Marketing Association (A.M.A.)**, (Muñiz, 2010) los servicios (según una de las dos definiciones que proporcionan) son "productos, tales como un préstamo de banco o la seguridad de un domicilio, que son intangibles o por lo menos substancialmente. Si son totalmente intangibles, se intercambian directamente del productor al usuario, no pueden ser transportados o almacenados, y son casi inmediatamente perecederos. Los productos de servicio son a menudo difíciles de identificar, porque vienen en existencia en el mismo tiempo que se compran y que se consumen. Abarcan los elementos intangibles que son inseparabilidad; que implican generalmente la participación del cliente en una cierta manera importante; no pueden ser vendidos en el sentido de la transferencia de la propiedad; y no tienen ningún título. Hoy, sin embargo, la mayoría de los productos son en parte tangibles y en parte intangibles, y la forma dominante se utiliza para clasificarlos como mercancías o servicios (todos son productos). Estas formas comunes, híbridas, pueden o no tener las cualidades dadas para los servicios totalmente intangibles". (Power, 2006)

> **Kotler, Bloom y Hayes**, definen un servicio de la siguiente manera: "Un servicio es una obra, una realización o un acto que es esencialmente intangible y no resulta necesariamente en la propiedad de algo. Su creación puede o no estar relacionada con un producto físico. Complementando ésta definición, cabe señalar que según los mencionados autores, los servicios abarcan una amplia gama, que va desde el alquiler de una habitación de hotel, el depósito de dinero en un banco, el viaje en avión a la visita a un psiquiatra, hasta cortarse el cabello, ver una película u obtener asesoramiento de un abogado. Muchos servicios son intangibles, en el sentido de que no incluyen casi ningún elemento físico, como la tarea del consultor de gestión, pero otros pueden tener un componente físico, como las comidas rápidas. (De Kotler Philip, 2004)

2.4.2 Características de los servicios

Los servicios pueden ser administrados tanto desde el estado, como desde los sectores privados, incluso en forma mixta. Los servicios son definidos como heterogéneos ya que los servicios prestados nunca podrán ser idénticos por diversas variables, también como intangibles ya que el usuario no puede tocarlos, este es el caso de las líneas telefónicas de atención al cliente. Y como ya ha sido mencionado no se puede poseer.

Algunas de las cuestiones básicas que se considera que deben prestar los servicios es el buen trato a sus clientes, satisfacer las necesidades de los mismos antes que estos lo requieras, brindar la posibilidad de agradecimiento o queja, generalmente de manera escrita y sobre todo los prestadores del servicio deben cumplir con lo preestablecido, que suele ser determinando mediante un contrato. En los mismos deben ser pautados claramente cuáles serán los servicios a brindar por parte de la empresa o del estado.

2.4.3 Definición

Servir. "Estar sujeto a otro, voluntariamente o por otro motivo haciendo lo que él quiere y dispone". (Servir , Servicial y Servilismo, 2009)

Servir. "Implica que todos y cada uno de los empleados de la organización sean amables y

afables con él, y que tengan el agrado y la motivación para hacerlo".

Servir. Es la actividad que realizan sus empleados al atender cotidianamente a sus clientes Haciéndolos sentir satisfechos y brindándoles los productos e información que requieren para tomar su decisión de la manera más atenta y sincera.

2.4.3.1 Servicial

Servicial. "Es la persona que es útil a otros, la que hace aportes desinteresados al bienestar de terceros y de su comunidad con una actitud noble. Servir es un placer y no una Obligación. Ser útil ennoblece y nos hace merecedor del reconocimiento colectivo. Por el contrario el servilismo es indigno, rastrero y meloso. Los vendedores en ocasiones nos prestan el servicio, puesto que están empleados para hacerlo, pero no convierten el acto en algo noble y enriquecedor, como debería ser, sino en una obligación, que hace la atención como si no la estuviera haciendo". (Servir , Servicial y Servilismo, 2009)

Ser servicial debe ser parte las actitudes del personal de ventas para ofrecer el mejor servicio a los clientes, debe considerarse como una forma de llevar el éxito a la empresa. A los clientes les agrada ser servidos con los productos que compran, por supuesto que a nadie le gusta entrar a la empresa y esperar 15 minutos a que alguien se tome la molestia de cobrarle o de dirigirle la palabra para preguntarle que necesita, el servicio es eso estar al pendiente de las situaciones que se puedan presentar.

2.4.3.2 Servilismo

En algunas ocasiones el servicio se asocia con el servilismo, la subordinación con una relación amo-esclavo y esto tiene una connotación denigrante y despectiva. El servicio debe entenderse como un alto valor humano trascendente, debemos servir a la familia, a la empresa, a nuestros colaboradores, a la sociedad. (Müller Enrique, 1999). (Servir , Servicial y Servilismo, 2009)

Actitudes del servilismo

> ➢ Permanente esmero para mantener aislados a sus jefes, para hacerlos inaccesibles.

➤ La comunicación siempre es por medio de los serviles.

➤ La mayoría de ellos además de tener ojos arrogantes y falsos con sus subordinados, se alertan y cambian inmediatamente ante su jefe.

➤ Se consideran como indispensable ante su jefe.

➤ Desprecian la opinión de la gente honesta.

➤ Para agradar a su jefe desarrollan el arte de presentar y justificar los acontecimientos más injustificables con el placer mal sano de adular.

➤ Hacen del chisme una profesión.

El servilismo representa una actitud negativa de abordar al cliente haciendo todo lo posible

Para que este se sienta bien sin que se logre la satisfacción de este, debido a las exageraciones y falsas atenciones para él. Al cliente no le molesta que le atienda bien, si no

que el servicio no se lo brinde la persona adecuada.

2.5 ¿QUE ES LA EMPRESA?

Es muy importante conocer lo que es una empresa esto para brindar un servicio de calidad debe conocer los aspectos generales que guían las actividades de las empresas. Los empresarios de la compañía dedicada al ramo de las tintas de impresión Site 1 necesitan en específico tener presente el concepto de empresa, debido a que en muchas ocasiones no consideran a su empresa como tal. La misión y la visión son pilares básicos del desempeño de la empresa ya que en estos se establecen la razón de ser de la empresa y lo que se desea llegar a ser en el futuro, así mismo los valores guían las actitudes de las personas que laboran en la empresa generando la imagen de esta y la calidad de servicio que se refleja en el conocimiento y el compromiso que tengan los empleados con la misma. Sin embargo no solo la disposición y conocimientos que tengan los empresarios para guiar las empresas influyen en el desempeño de esta, también intervienen los recursos humanos, sus habilidades, los factores económicos, tecnológicos, los competidores, entre otros.

La empresa realiza una de las actividades más importantes del hombre: la prestación de bienes y servicios para satisfacer una necesidad, ya sea de alimentación, vestido, o un gusto que satisfaga su necesidad de afecto y pertenencia como pueden ser las joyas, los automóviles, el pago de membresía a un club, entre muchos más. En la función de consumo, todos de alguna manera siempre necesitan de otra persona, productos o servicios para satisfacer sus necesidades, y la empresa es el agente que genera el vínculo entre los productos y los consumidores hacia los que van dirigidos. Esta actividad debe ser siempre enfocada a servir al cliente de la mejor manera, ya que representa la existencia de la empresa en el presente y en el futuro, dándole el beneficio de servir y recibir utilidades.

Al constituirse una empresa esta tiene como objetivos:

• Satisfacer una necesidad que existe entre los consumidores de un mercado.

• Obtener utilidades por el producto o servicio vendido.

• Investigar la tecnología que la podría llevar a mejorar sus actividades.

2.5.1 Tipos de Empresas

La empresa es una persona, las personas pueden ser físicas o morales ambas tienen derechos y obligaciones, que son abordadas de diferente manera dependiendo de la forma en que se constituyeron legalmente. La persona física es una sola persona que responde a todas las obligaciones que contraiga con acreedores, proveedores, gozando de autonomía en la toma de decisiones de su empresa, por otra parte la persona moral o sociedad está constituida de dos personas o más que aportan su capital para que inicie las actividades su empresa y la responsabilidad se limita al monto de sus acciones, existe un consejo de administración que es el que toma las decisiones en conjunto, la ventaja de esta constitución es que la inversión del capital para la empresa puede ser mayor. (Lawrence Gitman, 1997). (Celis, 2014)

La actividad de la empresa puede ir en aumento si se comprende ¿cuál es el producto? ¿Qué se vende? ¿A qué se dedica? ¿Qué servicios ofrece? ¿Cuál es el fin de existir como empresa? Lo anterior se aclara entendiendo en qué giro se encuentra la empresa, cómo está constituida, es pequeña o mediana, cuál es su misión, filosofía y valores, es importante que los empleados y dirigentes de una empresa lo comprendan dado que ellos realizan las actividades diarias de la empresa, si cuentan con toda la información anterior ellos sentirán que son parte de la Organización y de esta manera se generará un compromiso hacia ella.

2.6 SERVICIO AL CLIENTE

Antes de entender el concepto de calidad de servicio, se debe primero entender el concepto de servicio. Leonard L. Berry ((1987)) (Servicio Al Cliente, 2009) señala que: Servicio es en primer lugar un proceso. Mientras que los artículos son objetos, los servicios son realizaciones. La mayoría de los observadores están de acuerdo en que los servicios tienen las cuatro características siguientes:

Es cualquier tipo de intervención que se lleve a cabo entre un representante de una compañía y un cliente este contacto puede ser:

> Personal.

> Por teléfono.

> Por correo.

Éste es uno de los factores más importantes para determinar el éxito de una compañía un cliente satisfecho regresa y refiere a otras personas. El servicio al cliente implica actividades orientadas a una tarea, que no sea la venta proactiva, que incluyen interacciones con los clientes en persona, por medio de telecomunicaciones o por correo. Esta función se debe diseñar, desempeñar y comunicar teniendo en mente dos objetivos: la satisfacción del cliente y la eficiencia operacional.

Los servicios poseen ciertas características que los diferencian de los productos de acuerdo a la forma en que son producidos, consumidos y evaluados. Estas características provocan que los servicios sean más difíciles de evaluar y saber qué es lo que realmente quieren los clientes. (Zeithmal, Valerie A. & Mary Jo Bitner,2004). (Servicios, 2009)

SERVICIOS	IMPLICACIONES
Intangibles	Los servicios no pueden inventariarse.
	Los servicios no pueden patentarse.
	Los servicios no pueden presentarse ni explicarse fácilmente.
	Es difícil determinar su precio.
Heterogéneos	La entrega del servicio y la satisfacción del cliente depende de las acciones del empleado.
	La calidad en el servicio depende de muchos factores incontrolables.
	No existe la certeza de que el servicio que se proporciona es equiparable con lo que se planeó y promovió originalmente
Producción y	Los clientes participan en la transacción y la afectan.
Consumo	Los clientes se afectan unos a otros.
Simultáneos	Los empleados afectan el resultado del servicio.
	La descentralización puede ser fundamental.
Perecederos	Es difícil producirlos masivamente.
	Resulta problemático sincronizar la oferta y la demanda de los servicios.
	Los servicios no pueden devolverse ni re- venderse.

Figura 2.6 .1 Lo que hace diferente a los productos de los servicios

(Servicios, 2009)

Intangibilidad: Los servicios son intangibles. Al contrario que los artículos, no se les puede tocar, probar, oler o ver. Los consumidores que van a comprar servicios, generalmente no tienen nada tangible que colocar en la bolsa de compras. Cosas tangibles como tarjetas de crédito plásticas o los cheques pueden representar el servicio, pero no son el servicio en sí mismas.

Heterogeneidad: Los servicios varían. Al tratarse de una actuación, normalmente llevada a cabo por seres humanos, los servicios son difíciles de generalizar. Incluso los cajeros más corteses y competentes pueden tener día malos por muchas razones e inadvertidamente pasar malas vibraciones al cliente o cometer errores.

Inseparabilidad de producción y consumo: Un servicio generalmente se consume mientras se realiza, con el cliente implicado a menudo en el proceso. Una deliciosa comida de restaurante puede estropearla un servicio lento o malhumorado y una transacción financiera rutinaria puede echarse a perder por una cola de espera inacabable o un personal sin preparación.

Caducidad: La mayoría de los servicios no se puede almacenar. Si un servicio no se usa cuando está disponible, la capacidad de servicio se pierde.

Rentabilidad del Servicio al Cliente

En mercados altamente competitivos como la empresa Hp (Hewlett Packard de Mexico, 1939) la batalla por mantener la facturación de clientes habituales es crucial para el éxito a largo plazo de una empresa. Pero el servicio al cliente no es solo una ventaja comparativa. En muchos sectores, es la ventaja que determina la competitividad de un negocio. El servicio, por su parte, es el nuevo parámetro que utilizan los clientes para juzgar a una empresa.

La mayoría de las empresas no comprenden que el servicio al cliente es realmente una acción de ventas. Servicio es "vender" puesto que estimula a los clientes a regresar a la empresa con mayor frecuencia y a comprar más. Sobre las compras realizadas por clientes leales, quienes recurren una y otra vez a una organización porque están satisfechos con los servicios recibidos, representan un 65% del volumen de ventas promedio de una empresa.

Uno de los mayores problemas que existen en el área de servicio es la poca disposición de los directivos por concebir esta área como una estrategia de marketing.

Demasiados la ven únicamente como parte del servicio posventa; es decir, algo que se relaciona con una venta ya realizada, no con las ventas que se generaran en el futuro. En la actualidad, en muchas empresas el servicio es más eficaz que el marketing para incrementar el volumen de negocios, la promoción de ventas o la publicidad.

En nuestra sociedad orientada al servicio, la calidad del mismo ha llegado a ser, para el éxito de las empresas, más importante que la calidad del producto. Y las empresas que van por delante en el camino del servicio excelente tendrán una ventaja comparativa muy poderosa respecto a las que se hallan quedado rezagadas. Para lograr que esto se convierta en una realidad para su empresa se deben satisfacer las siguientes condiciones:

Compromiso por parte de la dirección: Este prerrequisito es crucial para el éxito de un programa de mejora de la calidad del servicio. Ninguna empresa debería realizar publicidad ostentosa, con eslóganes como amamos a nuestros clientes, si los directivos no ven aun la importancia de un servicio personal y confiable, de la misma manera en que creen en los valores de la patria, familia y utilidades. La palabra y los actos de los directivos deben comunicar a los empleados, de manera permanente, ese compromiso. Comunicar a los empleados, de manera permanente, ese compromiso.

Recursos adecuados: La empresa debe invertir con decisión el dinero necesario para desarrollar y mantener un programa de mejora del servicio diseñado profesionalmente.

Mejoras visibles del servicio: Las mejoras en el servicio que los clientes perciben se convierten (para ellos) en señales de que la calidad del producto (tangible o intangible) ha mejorado. Los servicios que ofrece la organización deben recibir mejor publicidad que la que se les hace a los servicios suministrados por la competencia.

Capacitación: Los empleados de la empresa deben recibir una capacitación amplia sobre como instrumentar una estrategia de servicio centrada en los elementos específicos, clave, que planteen los consumidores o clientes de la organización.

Involucramiento o compromiso de todos los empleados: Todos los empleados deben sentir que su trabajo afecta la imagen que los clientes tienen de la empresa e, incluso, la calidad del servicio, no importando lo alejado que crean estar de las áreas que tienen contacto directo con la clientela o de las que se comunican directamente con ella. (Taller del Servicio al cliente)

Figura 2.6.2 Servicios, Infraestructura, Procedimientos e Información.

2.7 QUES ES UN SERVICIO DE EXCELENCIA

La excelencia consiste en conocer, satisfacer y sorprender a los clientes, la excelencia solo es posible cuando la satisfacción de las expectativas del cliente ha sido superadas. (Segura, 2012)

2.7.1 Elementos del servicio al cliente

> Mayor lealtad de los clientes actuales
>
> Imagen y reputación
>
> Clientes potenciales
>
> Incremento de ventas
>
> Mayores ingresos y rentabilidad
>
> Agilidad
>
> Importancia
>
> Atención
>
> Amabilidad
>
> Asesoría
>
> Simpatía
>
> Servicio
>
> Concientización
>
> Calidad
>
> Precios competitivos
>
> Corto tiempo de respuesta
>
> Facilidad
>
> Personalizado

2.7.2 Elemetos de la excelencia en el servicio al cliente

> Producto
>
> Cultura

- Tiempo
- Calidad
- Imagen
- Ubicación de la empresa
- Garantía

2.7.3 ESTRATEGIAS PARA BRINDAR UN SERVICIO CON CALIDAD

- Crear procesos amables para el cliente
- Satisfacer las expectativas y necesidades del cliente
- Crear una cultura del servicio
- Reducir costos y ampliar beneficios.
- Poder decidir y Ofrecer algo más que la competencia actuar
- Agregar valor al servicio.

2.7.4 FACTORES QUE INDICAN EL GRADO DE SATISFACION EN EL CLIENTE

- Calidad del servicio
- Satisfacción al cliente.
- Cobertura y Precio.
- Grado de fidelidad.
- Desempeño por áreas.
- Los mandamientos para un servicio de excelencia y la conservación de los clientes.

- ➤ El cliente es la persona más importante de la institución.
- ➤ El cliente no depende de usted, usted depende del cliente, trabajamos para el cliente.
- ➤ El cliente no interrumpe su trabajo es el propósito del trabajo.
- ➤ El cliente le hace un favor al visitarlo o llamarlo para hacerle alguna consulta.
- ➤ No le hacemos ningún favor al servirle.
- ➤ El cliente es una parte de la empresa como cualquier otra, incluyendo al inventario, el personal y las instalaciones. Si se vendiera la empresa el cliente también se vende.
- ➤ El cliente no es una fría estadística, sino una persona con sentimientos y emociones, tratar al cliente mejor de lo que desearíamos que nos trataran.
- ➤ El cliente no es alguien con quien discutir o para ganarle.
- ➤ Nuestro trabajo es satisfacer las necesidades del cliente, deseos y expectativas, siempre que sea posible, disipar sus temores y resolver sus quejas.
- ➤ El cliente se merece ser tratado con la mayor atención, cortesía y profesionalismo que podamos ofrecer.

> El cliente es la parte más vital de su empresa, institución. Recordar siempre que sin sus clientes, no tendríamos actividades de negocio. Trabajamos para nuestros clientes.

2.7.5 Las 10 reglas para una excelente atención en el servicio

1. No haga esperar al cliente, salúdelo de inmediato.

2. Dar atención total, sin distracciones o interrupciones.

3. Haga que los primeros 30 segundos cuenten.

4. Sea natural, no falso o robotizado.

5. Demuestre energía y cordialidad (entusiasmo).

6. Sea gente de su cliente (sino puede usted resolver el problema, ayude para ver quién puede).

7. Piense, use su sentido común para ver cómo puede resolver el problema del cliente.

8. Algunas veces ajuste las reglas (si la regla puede ser cuestionada).

9. Haga que los últimos 30 segundos cuenten (dejar buena impresión).

10. Manténgase en forma, cuide su persona.

Figura 2.7.5.1 Cliente, Experiencia, Positiva o Negativa.

2.8 TRIANGULO DEL MARKETING DE SERVICIOS

Mediante la implantación de estrategias de mercadotecnia, las empresas de servicios han logrado mejorar el servicio proporcionado al cliente. A continuación se presenta detalladamente lo que es el triángulo del marketing. El triángulo del marketing de servicios muestra tres grupos relacionados entre sí que trabajan en conjunto para desarrollar, impulsa y proporcionar los servicios, de acuerdo a Zeithmal, Valerie A. & Mary Jo Bitner, (2004) (Servicios, 2009), los principales participantes se ubican en los vértices del triángulo: la organización, los clientes y los proveedores.

Entre los tres vértices del triángulo existen tres tipos de marketing que deben llevarse a cabo de manera conveniente para que el servicio funcione:

Marketing externo, interno e interactivo. El propósito central de todas estas actividades consiste en formular y cumplir las promesas que se establecen con los clientes. En el caso de los servicios, los tres tipos de actividades de marketing resultan fundamentalmente para construir y sostener la relación con los clientes.

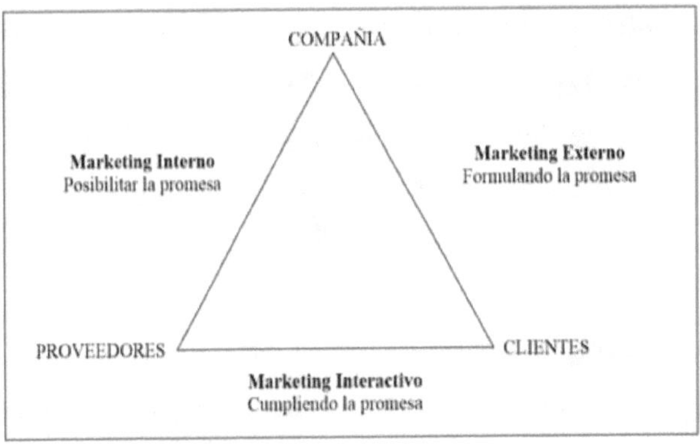

Figura 2.8 Marketing Externo

Con este nombre se conocen las técnicas de gestión de empresas y de comercialización, productos y servicios que se organizan se originaron en el sector de bienes tangibles de consumo masivo. Se encarga de atraer a los clientes potenciales a las empresas; como la publicidad, las ventas, las promociones especiales y la determinación de precios facilitan esta clase de actividad.

Marketing Interactivo

El marketing interactivo (Servicios, 2009) se ocupa de que los clientes sigan comprando una y otra vez, como consecuencia de ofrecerles un servicio de alta calidad que satisfaga sus expectativas en todas las dimensiones. Las promesas que se formulan deben cumplirse, por lo tanto, cumplir las promesas representa el segundo tipo de actividad de marketing que se contempla en el triángulo y, desde el punto de vista del cliente, la más crítica.

Marketing Interno

El marketing interno (Servicios, 2009) se encarga de estimular al personal, por vía del convencimiento, para que mantenga altos, estables y consistentes niveles de calidad interna y externa en la prestación de los Servicios. El marketing interno depende del reconocimiento de un estrecho vínculo que existe entre la satisfacción del empleado y la satisfacción del cliente.

MARKETING FACE TO FACE

El marketing face to face (Marketing Face to Face, 2009) consiste en dar a conocer un producto o servicio, estableciendo un contacto directo o cara a cara, como su nombre lo dice, con los clientes potenciales y reales. Esta forma de mercadear es la más antigua y conocida por las personas, ya que para llevarla   a cabo los únicos medio necesarios son la expresión verbal y la corporal.

Obligatoriamente en ese momento deben estar físicamente presentes las personas involucradas. En este ciclo también intervienen otros tipos de marketing que dan a conocer un producto por diferentes medios en los que no necesariamente debe estar presente la persona que va a ofrecer el producto.

Características:

- ➤ Se tiene en cuenta lo momentos de la verdad: (compra venta).
- ➤ No se puede mentir están frente a frente.
- ➤ Mantener una buena imagen personal y utilizar la gesticulación adecuada.
- ➤ Capacidad verbal.
- ➤ Ser conocedor de lo que está ofreciendo.
- ➤ La efectividad depende de la persona que lo ejecuta.

> ➤ Se presenta de forma Casual: es imprevisto (clientes potenciales).
> ➤ Prevista: un acuerdo para realizar un encuentro posibilita en un alto grado la efectividad de la venta.

Principales aplicaciones:

> ➤ Apertura o cierre de un negocio.
> ➤ Establecer un contacto directo con los clientes mostrando un producto.
> ➤ Es el proceso final de las estrategias de marketing.

Para finalizar; cuando se quiere tener un contacto físico con el producto u obtener un beneficio del servicio, se genera un momento de verdad en el cual todo lo anteriormente mostrado se va a confirmar y el cliente decide si compra o no lo que le ofrecieron.

2.9 MODELO DE BRECHAS EN EL SERVICIO

El Modelo de las deficiencias o de los GAPS, propuesto por Parasuraman, Zeithaml y Berry (1985) (Servicios, 2009), trata de identificar las causas de un servicio deficiente; así se identifica las diferencias entre expectativas y percepciones del servicio recibido por los clientes a partir de 4 posibles diferencias o gaps.

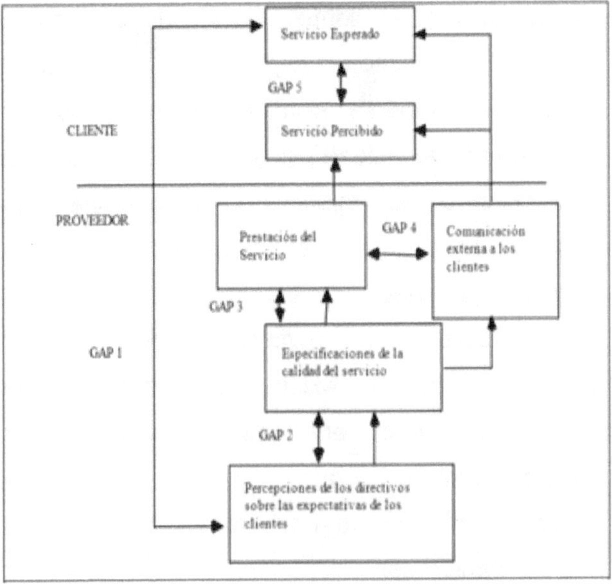

Figura 2.9.1 Modelo de Brechas.

La primera hace referencia a la manera en que los clientes se forman una opinión sobre la
Calidad de los servicios recibidos (parte superior de la figura).

La segunda refleja las deficiencias que puede n producirse dentro de las organizaciones, lo
Que provoca una falta de calidad en el suministro a los clientes (parte inferior de la figura).

2.10 QUE ES UN CLIENTE

La razón de existir de toda empresa: "satisfacer la necesidad de él cliente". (Satisfacer necesidades y deseos del cliente actual, 2014) Una empresa no tendría razón de ser si no tuviera como objetivo satisfacer la necesidad psicológica, fisiológica y de protección de los clientes. Cada persona tiene diversas necesidades, algunas personas buscan satisfacer sus necesidades con diferentes tipos de productos o servicios en mayor o menor grado, aun así una empresa existe para atender esas necesidades, cualquier empresa que sea, pública o privada, grande, pequeña o mediana, siempre ofrece un producto que satisface la necesidad de los consumidores.

Una empresa no existiría sin clientes que asistan frecuentemente a adquirir sus productos a

ella, por esta razón es indispensable los empresarios de la compañía Hp consideren como su activo principal al cliente. Ambas partes complementan su existencia, tanto el cliente satisface sus necesidades a través de la empresa como esta a su vez genera sus Utilidades prestando un servicio.

Todas las empresas tienen diferentes clientes, es decir con diferentes características, sin embargo estos pueden ser agrupados por características y generar un ambiente propicio para los clientes. Los empresarios de esta ciudad pueden mejorar la calidad en el servicio cuidando los aspectos tangibles de la empresa, esto se logra observando a que segmento del mercado se va dirigir la empresa y enfocar sus recursos a mejorar los aspectos físicos para influir en la decisión de compra.

El empresario también debe considerar los factores que influyen en la compra y las motivaciones que hacen que el cliente la realice, con la finalidad de detectar los aspectos que se pueden mejorar para elevar la calidad en el servicio.

2.10.1 DEFINICION DE CLIENTE Y CONSUMIDOR

Cinco Definiciones de Cliente:

Cliente es toda persona o toda empresa durante una operación comercial en la que el comprador, ya sea persona o empresa, adquiere un producto o un servicio, que le es proporcionado por una empresa vendedora. Si el cliente queda satisfecho de la compra o de la contratación del servicio, volverá a comprar o a contratar a la misma empresa, con lo que se convertirá en cliente habitual. (Gomez, 2004)

> ➤ Cliente es la persona que acostumbra a comprar a otra(o) en una misma tienda.
> ➤ Un cliente es una persona que nos trae necesidades, deseos, y expectativas.
> ➤ Un cliente no es interrupción de nuestro trabajo sino el propósito de éste.
> ➤ Un cliente merece el tratamiento más cortés y atento que podamos dar.
> ➤ Un cliente es parte de nuestro negocio, no un extraño.
> ➤ Un cliente es la persona más importante en cualquier negocio.

De tales definiciones podemos extraer la importancia y la razón de ser del cliente:

El cliente es la persona que asiste a comprar con cierta frecuencia los productos o servicios a una empresa, es la persona que hace que la empresa siga existiendo. Es la persona a la que se debe atender con la cordialidad necesaria para que siga realizando sus compras en su empresa. cuando una persona llega por primera vez a su empresa a adquirir un producto es un posible cliente, si su producto satisface sus necesidades, si el precio, las instalaciones, el servicio fue agradable y genero un impacto positivo posiblemente vuelva a comprar en su empresa.

Todas las empresas tienen clientes potenciales, es decir, las personas que en un futuro necesitaran de nuestros productos. Generalmente los términos de cliente y consumidor son utilizados por igual, sin embargo existe una diferencia marcada, el cliente es la persona que compra, pero no necesariamente es el consumidor del producto,

"Consumidor es la persona o unidad corporativa que utiliza o consume un producto" El consumidor es la persona que consume finalmente los productos, la que los disfruta, usa, viste, come o trae puesto el producto comprado por el cliente o por el mismo. En varios casos el cliente no necesariamente es el consumidor, por ejemplo en una familia donde tienen pequeños que consumen yogurt ellos no son el cliente, el cliente es el ama de casa que realiza la compra en determinada tienda. (Gomez, 2004)

El cliente es la persona que al ser atendida debe recibir el trato adecuado para que vuelva a

Realizar las compras en su empresa. De esta manera seguirá siendo su cliente por varios años y no solo ello además le recomendará con sus amistades y su clientela crecerá.

2.10.2 Clasificación de los clientes

Por las decisiones de compra. Para una empresa pueden existir dos tipos de clientes diferenciados por las decisiones de compra y el uso de los productos.

1. Corporativos. Son instituciones y entidades que negocian sobre la base de un

   Consumo con fines productivos.

2. Finales. Son todos aquellos sujetos que negocian sobre la base de consumo final.

Por lo general en las empresas de esta ciudad predominan los consumidores finales, así que nos dedicaremos a revisar los factores que influyen en las decisiones de compra y de servicios de dicha empresa dedicada al ramo de las tintas de impresión Site 1 (1939).

2.10.3 Relación con el cliente

La relación con el cliente, en realidad, para el vendedor exitoso comienza con la venta, por lo que a partir de este momento crean una relación permanente con el cliente. Los vendedores número uno entregan personalmente sus productos, o ellos mismos lo empacan en caso de ventas de mostrador, prestan la auditoria del servicio de posventa. En realidad, el objetivo de

cada vendedor exitoso es crear su propia cartera de clientes, y lograr de los mismos una fidelidad a toda prueba. (Aguilera, 2013)

Los diez consejos que nos dan para mejorar la relación con los clientes, y que explican en el artículo vinculado, son los siguientes:

1. Mantener un claro contrato con el cliente.

2. Conoce mejor a tu cliente.

3. Haz más preguntas.

4. Estar preparado para decir que no.

5. Estar dispuesto a decir que sí.

6. Ser de los que resuelven problemas.

7. Mantén la distancia.

8. Mantente con tu enfoque.

9. Estar abierto a aprender.

10. Trabaja en ello.

Si tienes clientes, algunos de estos nos puede ayudar a mejorar.

2.10.4 Tipos de atención al cliente

- ➢ El trato con el cliente
- ➢ El cliente discutidor: Son agresivos por naturaleza y seguramente no estarán de acuerdo o discutan cada cosa que digamos. No hay que caer en la trampa.

Algunos consejos que sirven de ayuda para tratar este tipo de clientes:

- ➢ Solicitarle su opinión.
- ➢ Hablar suavemente pero firme.
- ➢ Concentrar la conversación en el punto en que se está de acuerdo.
- ➢ Contar hasta diez o más......

El cliente enojado: Cuando se trata este tipo de clientes no hay que negar su enojo y decirle, "No hay motivo para enojarse". Esto lo enojará más. Algunas formas de manejar la situación son:

- Ver más allá del enojo
- No ponerse a la defensiva
- No involucrarse en las emociones
- No provocar situaciones más irritantes
- Calmar el enojo
- No hay que prometer lo que no se puede cumplir
- Analizar a fondo el problema
- Hay que ser solidario
- Negociar una solución
- El cliente conversador: Estas personas pueden ocupar mucho de nuestro tiempo.

Además de entrar a comprar algo, nos cuentan la historia de su vida. No hay que tratar de sacárselo de encima de un plumazo, se debe demostrar interés y tener un poco de paciencia, ya que el motivo real de su comportamiento es que se encuentran solas.

El cliente ofensivo: El primer pensamiento que se nos cruza al tratar con individuos ofensivos es volverse "irónico" o "ponerlos en vereda". ¡NO LO

HAGA! Lo mejor es ser amables, excepcionalmente amables. Esto los descoloca y hacer bajar el nivel de confrontación. (Tipos de Clientes, 2013)

El cliente infeliz: Entran en un negocio y hacen esta afirmación: "Estoy seguro que no tienen lo que busco". Estas personas no necesariamente tienen un problema con nosotros o con la empresa, su conflicto es con la vida en general. No hay que intentar cambiarlos, se debe procurar de mejorar la situación, mostrarse amable y comprensivo, tratando de colaborar y satisfacer lo que están buscando. (Tipos de Clientes, 2013)

El que siempre se queja: No hay nada que le guste. El servicio es malo, los precios son caros, etc. etc. Hay que asumir que es parte de su personalidad. Se debe intentar separar las quejas reales de las falsas. Dejarlo hablar y una vez que se desahogue encarrilar la solución teniendo en cuenta el tema principal.

El cliente exigente: Es el que interrumpe y pide atención inmediata. Esta reacción nace de individuos que se sienten inseguros y de esta forma creen tener más control. Hay que tratarlos con respeto, pero no acceder a sus demandas. (Tipos de Clientes, 2013)

El cliente coqueteador: Las insinuaciones, comentarios en doble sentido con implicancias sexuales, pueden provenir tanto de hombres como de mujeres. Se debe mantener una actitud calma, ubicada y de tipo profesional en todo momento. (Tipos de Clientes, 2013)

Ayudarles a encontrar lo que buscan y así se van lo más rápido posible.

El que no habla y el indeciso: Hay que tener paciencia, ayudarlos, no hacerles preguntas donde su respuesta tiene que ser muy elaborada. Sugerirles alternativas y colaborar en la decisión.

La excelencia

La buena calidad en la atención crea nuevos clientes y mantiene la lealtad con los propios. Ello se logra poniendo en práctica éstos y otros conceptos cuya aplicación debe superar las expectativas pautadas, logrando sorprender al cliente por darle más de lo que esperaba, en síntesis, estaremos logrando la excelencia.

Calidad: "Es dar al cliente lo que se prometió". (Tipos de Clientes, 2013)

El caprichoso:

Obviamente con este tipo de clientes hay que tener mucha experiencia o imaginación ya que en efecto pueden pedir cosas o tipos de servicios poco comunes o incluso desconocidos para nosotros. Tenemos que atenderle con calma, escuchando bien lo que pide e intentando no emitir opiniones personales claras que demuestren que no podemos satisfacer sus deseos. Siempre consultar con algún compañero experimentado o con el superior en el caso de que no podamos satisfacer correctamente el servicio o solo para asegurarse de que no es posible (en muchos casos los propios compañeros pueden resolver el problema porque ya lo han vivido antes) Sugerir si es necesario algo que sea parecido o hacerlo ver como nuevo y especial que sepamos podemos cumplir (a veces el cliente podría aceptar), pero procurar no ser insistentes y hacerlo de modo alternativo. (Tipos de Clientes, 2013)

El negativo:

Este cliente puede jugar con nuestra paciencia ya que es demasiado exasperante. Debemos procurar tener calma y responder con firmeza pero de forma amable. La leve sonrisa puede apagar un poco su negatividad. No debemos discutir ni tampoco someter el cliente con rotundidad ("el cliente siempre lleva la razón") .Debemos mostrarle el lado positivo del servicio sin ser presuntuosos o justificando cosas que el cliente no tiene por qué tener en cuenta. (Tipos de Clientes, 2013)

El tímido:

Este cliente también jugará con nuestra paciencia ya que habrá que hablar mucho con él haciendo muchas preguntas, comentarios y pidiéndole poco a poco que sea él el que hable. No debemos abrumarle con mucha habladuría ya que se sentirá cohibido. La mejor forma de saber lo que piensa es mirarlo con cierto disimulo ya que gesticula mucho y cuando dice las cosas solo las dice una vez y espera no tener que repetirlo (en este caso nuestros sentidos tienen que estar alerta) Debemos mostrarnos de total confianza y procurar no dejarnos arrastrar por su silencio. (Tipos de Clientes, 2013)

El especial:

Podría ser parecido al caprichoso con la diferencia que a este cliente le gusta lo que pide porque lo tiene muy claro y muy pensado. Debemos mostrar amabilidad y que tenemos a su disposición lo que pide además de lo que pueda ser parecido o igual a simple vista para que sea él mismo el que decida, no nosotros. Por mucho que nos parezcan dos cosas iguales el cliente siempre las verá distinta o menos atractiva una de las dos. (Tipos de Clientes, 2013)

El rollista:

Este cliente jugará con nuestro tiempo y hará que pongamos en práctica las formas más cortés de deshacernos de las personas. Debemos ser en todo momento amables y muy pacientes. Jamás debemos gesticular que no nos interesa o mostrar aburrimiento. En el caso de que no se vaya por sí mismo debemos amablemente decirle que debemos seguir con el trabajo y atendiendo clientes. La forma de despedida tiene que ser agradable y con una frase que evite continuar la conversación de forma Subliminal ("dele recuerdos a su esposa", "espero verle mañana por aquí"...) ya que nos podrá contar que su esposa está enferma, que mañana tiene trabajo. (Tipos de Clientes, 2013)

El alborotador:

Con este cliente hay una dificultad añadida. Según el modo en el que tratemos al mismo puede influir en el resto de clientes de nuestro establecimiento. No debemos ser groseros o perder la calma ya que daría una mala imagen hacia los demás clientes y es lo que el alborotador desea. Debemos ser firmes y hablar en un tono calmado y nunca alto ya que no podemos montar una escena como en el teatro. Si podemos apartarlo del centro de atención nos será más fácil tratarlo. Nunca dejar que los demás clientes intervengan en el trato con el cliente, o si lo hace intentar tomar nosotros la iniciativa. La discreción es la mejor forma de salir airosos de esta situación. (Tipos de Clientes, 2013)

El amistoso:

Es un cliente que nos gusta mayoritariamente ya que estamos de buen humor y no estamos presionados por el servicio impecable. Que sea amistoso no quiere decir que:

1.- Podamos dejar de darle el mejor servicio como a los demás. Éste se merece eso e incluso más.

2.- Confundamos la amabilidad con la amistad, ya que hay que guardar siempre el respeto y las buenas maneras con los clientes.

El chasqueador de dedos:

Es un cliente que a veces es de lo más impertinente. Sus señas no son siempre claras y cree que solo estamos a su entera disposición. Hay que guardar la calma y acercarnos siempre cuando haga señales para corroborar lo que nos pide. De esta manera sabemos que tenemos que estar muy pendientes de él ya que casi todo lo pedirá por señas y pretenderá que lo miremos en todo momento para atenderle lo antes posible. (Tipos de Clientes, 2013)

El ligón:

Se suele dar en clientes masculinos, por tanto son las féminas las que han de tratar en la mayoría de los casos a estos clientes. No debemos nunca mostrar una postura que pueda ser malinterpretada por el cliente ya que le dará pie a seguir insistiendo creyendo ser correspondido. Hay que ser amable pero quirúrgico, es decir, serio a ser posible pero con educación y amabilidad. A veces el humor puede ser un buen método para deshacerse del cliente o para que cese sus intentos. Pero nunca debemos prestarle más atención de la precisa y procurar no pararnos delante y mirarle fijamente. (Tipos de Clientes, 2013)

El súper despistado:

Este cliente suele ser algo desastroso en todo lo relacionado con la información e incluso a la hora de pedir o evaluar los servicios. Nuestro objetivo en este caso es aclararle todas las dudas sobre nuestro establecimiento y de manera pausada y repetida destacar lo que queremos resaltar de nuestro producto o servicio. Suele ser algo influenciable por lo que podemos tener a un cliente muy bueno potencialmente hablando si le solucionamos o disminuimos sus despistes. (Tipos de Clientes, 2013)

El exigente:

Sin duda el más difícil cliente que nos vamos a encontrar ya que conoce muy bien lo que es el servicio y pondrá a prueba todas nuestras habilidades y destrezas. Debemos prestar mucha atención a lo que pide y dice y seguro nos hará poner en práctica toda la TEORIA de nuestros viejos libros de atención al cliente. Es la mejor manera de evaluación del nuestro servicio ya que exigirá la mejor atención y un servicio perfecto y sin falta alguna. (Tipos de Clientes, 2013)

El tranquilo:

Debemos ser pacientes con él ya que no nos pedirá nada hasta que no deje pasar a todos y cada uno de los clientes que vayan detrás suya para tener tiempo suficiente. Puede ser que esté junto a nosotros sin mediar palabra por lo que no se molestará si hacemos trabajos auxiliares mientras nos reclama. Debemos estar atentos a él para que se dé cuenta de que estamos a su disposición cuando lo necesite. (Tipos de Clientes, 2013)

El descontento:

Al igual que el negativo todo nuestro servicio le será disconforme por lo que no se marchará hasta que le solucionemos todos los problemas. O si se marcha lo hará "cortando cabezas" así que debemos mantener la calma y prestar mucha atención a sus problemas apuntándolo para que quede constancia y él vea que estamos teniéndolos en cuenta. Puede ser una forma de calmarlo llamar a otro compañero o a algún superior de forma discreta para que no monte un número. Suele calmarse si nos mostramos amables, serviciales y algo sumisos. (Tipos de Clientes, 2013)

El indeciso:

Desesperante y a veces insultante, con este tipo de clientes hay que ser pacientes y muy serviciales. La mejor forma de actuar con ellos es tomar la iniciativa para que se decida por lo que nosotros mismos recomendamos. También se le puede dejar tiempo y avisarle de que volveremos en seguida mientras atendemos a otro cliente rápidamente. En el caso en el que decida no aceptar el servicio una vez realizado solo podemos asentir y asegurarnos que está completamente decidido. A veces la mejor forma de solucionar el problema es dejarlo correr. (Tipos de Clientes, 2013)

Los niños:

Son probablemente los que se salgan de toda la teoría ya que cada niño es un mundo. Normalmente deberíamos hablar directamente con los padres e informarles de que hay más clientes que pueden ser molestados por sus hijos y que procure tenerlos controlados. También debemos ser amables con los niños y hacerles mucho caso y hablar con ellos de forma amena y divertida. Podemos a su vez darles algo para distraerse o enseñarles cosas de su interés para mantenerlos alejados del centro de la clientela (su escenario favorito para actuar) Si los padres se desentienden de los niños debemos colocarlos nosotros mismos o pedir que algún compañero se haga cargo de ellos en la medida de lo posible. Muchas veces tratarlos de forma especial, al igual que a un adulto, es la mejor forma de entretenerlos. (Tipos de Clientes, 2013)

2.11 Factores en el servicio al cliente

A medida que la competencia es cada vez mayor y los productos ofertados en el mercado son cada vez mayores y más variados, los consumidores se vuelven cada vez más exigentes. Ellos ya no sólo buscan buenos precios y productos de calidad, sino también, un buen servicio o atención al cliente, es decir, un trato amable, un ambiente agradable, comodidad, un trato personalizado, una rápida atención, etc. Cuando un cliente encuentra el producto que buscaba, pero además recibe un buen servicio o atención, queda satisfecho, y esa satisfacción hace que regrese y vuelva a comprarnos y, además, que muy probablemente nos recomiende con otros consumidores. (K, 2013).

Pero si un cliente resulta insatisfecho y además recibe un mal servicio o atención, no sólo dejará de visitarnos, sino que muy probablemente hablará mal de nosotros y contará la experiencia negativa que tuvo (dependiendo de su estado de indignación) a un número promedio de entre 9 a 20 personas. Por tanto, hoy en día es fundamental brindar un buen servicio o atención al cliente.

Siempre debemos evitar que el cliente reciba un mal servicio o sea mal atendido y, de ese modo, evitar que deje de visitarnos y que probablemente hable mal de nosotros. Y más bien brindarle un excelente servicio al cliente y, de ese modo, lograr su "fidelización" (convertirlo en nuestro cliente frecuente) y que probablemente nos recomiende con otros consumidores.

El buen servicio al cliente debe estar presente en todos los aspectos del negocio en donde halla alguna interacción con el cliente, desde el saludo del personal de seguridad que está en la entrada del negocio, hasta la llamada contestada por la secretaria.

Trato personalizado

Brindar un trato personalizado consiste procurarle al cliente un trato personal. Para ello es posible ofrecerle promociones u ofertas exclusivas, brindarle un producto o servicio que satisfaga sus necesidades particulares, o darle mayor autoridad a un trabajador para que él mismo sea capaz de hacer concesiones, atender un reclamo o queja, y solucionar el problema de un cliente, y, de ese modo, evitar que el cliente tenga que estar siendo remitido a otros trabajadores, y que tenga que explicar su problema a todo el mundo. (K, 2013)

Rapidez

No se le debe hacer esperar de más al cliente, y más bien atenderlo con la mayor rapidez posible. Una forma de lograr ello es creando procesos simples y eficientes, por ejemplo, haciendo uso de programas informáticos que permitan recibir con mayor rapidez los pedidos del cliente. (K, 2013)

Higiene

No sólo se debe contar con un local que cumpla con todas las normas de higiene establecidas, sino también, hacer que todos los empleados estén bien presentados, bien aseados, y con el uniforme o la vestimenta limpia. (K, 2013)

Seguridad

El local debe contar con todas las medidas de seguridad posibles, no solo para que puedan ser usadas en caso de alguna emergencia, sino también, para que el cliente esté consciente de ellas y se sienta seguro. Se debe contar con suficiente personal de seguridad, marcar las zonas de seguridad, señalizar las vías de escape, contar con botiquines médicos etc. (K, 2013)

COMPETITIVIDAD DE LA EMPRESA

Tres niveles:

NIVEL CARACTERÍSTICAS

MÍNIMO

> ➢ Satisface las necesidades mínimas del cliente Si otra ofrece más ya no es competitiva

COMPETITIVO

> ➢ Da más de lo que pide el cliente aunque éste lo conoce contacto continuo con el cliente

SUPERIOR

> ➢ Satisface necesidades latentes del cliente cuyo incumplimiento no provoca insatisfacción pero si se cumple producen un alto grado de satisfacción Innovación tecnológica, novedades que no tiene la competencia.

EVOLUCIÓN DE LA GESTIÓN DE CALIDAD

> ➢ El sistema de gestión de Calidad de una empresa en el conjunto de procedimientos, documentaciones, conocimientos del personal y actuaciones orientadas a garantizar la calidad de un producto.

Los ingredientes de un sistema moderno de gestión de Calidad se han ido añadiendo con los años.

Las etapas fundamentales en la evolución de la gestión de la Calidad son los siguientes:

- ➢ Inspección.
- ➢ Control del Proceso.
- ➢ Control Integral de la Calidad.
- ➢ Aspectos humanos de la Calidad.
- ➢ Prevención frente a detección.
- ➢ Criterios económicos.
- ➢ Calidad Total.

2.11 ESTRATEGIA COMPETITIVA

La estrategia debe entenderse como un cuerpo de fenómenos objetivos recurrentes que surgen del conflicto humano. La "estrategia" implica la siguiente pregunta: ¿Qué queremos (podemos) hacer?: Con horizonte de largo plazo (ideas). En cambio la "táctica" es la respuesta de: ¿Cómo podemos (queremos) hacerlo?: corto plazo (acciones). (Quero, 2008)

La estrategia consiste en:

- ➢ Identificar oportunidades de diálogo con el mercado (posibilidad concreta de satisfacer necesidades).

> Apreciar el futuro de la organización dado cierto escenario. No se trata de adivinar el futuro sino de tener habilidad para crearlo.

> Crear las condiciones para que los propósitos se hagan realidad.

> Hacer un análisis comparativo entre las pretensiones (previsiones) y el desempeño real (realizaciones concretas).

En síntesis, se puede decir que la "estrategia" constituye el "nexo" entre el medio ambiente externo a la organización y el ámbito interno de la misma: el sistema empresarial que se halla estructurado.

La estrategia en la empresa de hoy en día, el tema gerencial más importante y lo seguirá siendo. La estrategia empresarial ha cambiado de la lucha clásica por lograr la mayor participación de mercado, a la configuración de escenarios dinámicos de oportunidades de negocios que generen riqueza, a proponer enfoques estratégicos audaces para mantenerse en un nuevo mundo de ecosistemas empresariales que constantemente tenemos que explorar y analizar.

El Gerente de hoy debe salir de su torre de marfil, sumergirse en las realidades del mercado, interactuar con sus clientes internos y externos. Crear una intención estratégica que no es otra cosa que crear un punto de vista con respecto al futuro. La auténtica tarea es encontrar la forma de elaborar una estrategia que permita lograr una ventaja sostenible sobre la competencia, con la mayor eficiencia y eficacia.

Una estrategia bien ejecutada reduce las oportunidades de la competencia. Un cliente no experimenta una estrategia sino su ejecución; es decir, el "producto final". Las grandes compañías de servicios no sólo cuentan con estrategias claramente enfocadas, también se concentran en su realización. La estrategia no puede ocultarse y el éxito invita a la imitación. La única alternativa es ser mejor que los competidores. Por el contrario, una estrategia mal ejecutada allana el camino para que triunfe la competencia.

La oportunidad es el momento preciso para hacer algo que permita obtener una ventaja sobre la competencia. Se debe actuar cuando existe receptividad en el mercado. No existen paquetes de estrategia listos para usar y no es aconsejable usar lo que hacen otros, porque lo que a unos les pueda servir para otros no funciona igual. Es imprescindible generar un pensamiento propio de cada empresa, sobre la base de una evaluación objetiva de las fortalezas y debilidades de la organización y sus competidores. Se debe evitar hacer las mismas cosas que la competencia (en el mismo campo de acción). (Quero, 2008)

El estratega empresario debe tener una comprensión exacta de: ¿Qué querrán los clientes?, ¿Cómo serán los mercados? y ¿Qué hará la competencia? Luego debe tener la flexibilidad para afrontar los imprevistos, dado que es imposible prever con exactitud, ya que siempre aparecen hechos o acontecimientos no imaginados.

El mundo vive un proceso de cambio acelerado y de competitividad global en una economía cada vez más liberal, marco que hace necesario un cambio total de enfoque en la gestión de las organizaciones. De enfoque en la gestión de las organizaciones.

Competitividad significa un beneficio sostenible para un negocio. Es el resultado de una mejora de calidad constante y de innovación. La competitividad está relacionada fuertemente a productividad.

La competitividad, es la capacidad que tiene una organización para incrementar, consolidar y mantener su presencia en el mercado. Es decir, mantener sistemáticamente ventajas comparativas que le permitan alcanzar, sostener y mejorar una determinada posición en el entorno socioeconómico. (Quero, 2008)La competitividad tiene incidencia en la forma de plantear y desarrollar cualquier iniciativa de negocios, lo que está provocando obviamente una evolución en el modelo de empresa y empresario. La ventaja comparativa de una empresa estaría en su habilidad, recursos, conocimientos, atributos, etc., de los que dispone.

Mismos que carecen sus competidores o que tienen en menor medida, que hace posible la obtención de unos rendimientos superiores a los de ellos.

La competitividad supone una continua orientación hacia el entorno y una actitud estratégica por parte de las empresas grandes como en las pequeñas, en las de reciente creación o en las maduras y en general en cualquier clase de organización. Por otra parte, el concepto de competitividad nos hace pensar en la idea "excelencia", o sea, con características de eficiencia y eficacia de la organización. La competitividad no es producto de una casualidad ni surge espontáneamente. (Quero, 2008)Se crea y se logra a través de un largo proceso de aprendizaje y negociación, por grupos colectivos representativos, que configuran la dinámica de conducta organizativa, como los accionistas, directivos, empleados, acreedores, clientes, por la competencia y el mercado y por último, el gobierno y la sociedad en general.

Los esfuerzos de las empresas de servicios se deben concentrar en factores que agreguen valor a los servicios ofrecidos. La búsqueda de ventajas competitivas tendrá que dirigirse entonces a la imaginación como fuente de inspiración, puesto que los servicios de bajo valor agregado no podrán sobrevivir en esta nueva y aguerrida acción competitiva. Ninguna estrategia es definitivamente exitosa. Son pequeños logros y retrocesos en un mercado altamente competitivo.

Una organización, cualquiera que sea la actividad que realiza, si desea mantener un nivel adecuado de competitividad a largo plazo, debe utilizar antes o después, unos procedimientos de análisis y decisiones formales, encuadrados en el marco del proceso de "planificación estratégica". La función de dicho proceso es sistematizar y coordinar todos los esfuerzos de las unidades que integran la organización encaminados a maximizar la eficiencia global.

Para explicar mejor dicha eficiencia, se consideran los niveles de competitividad, internos y externos.

La competitividad interna se refiere a la capacidad de organización para lograr el máximo rendimiento de los recursos disponibles, como personal, capital, materiales, ideas, etc. y los procesos de transformación. (Quero, 2008)

La competitividad externa está orientada a la elaboración de los logros de la organización en el contexto del mercado, o el sector a que pertenece. Como el sistema de referencia o modelo es ajeno a la empresa, ésta debe considerar variables exógenas, como el grado de innovación, el dinamismo de la industria, la estabilidad económica, para estimar su competitividad a largo plazo. La empresa, una vez que ha alcanzado un nivel de competitividad externa, deberá disponerse a mantener su competitividad futura, basada en generar nuevas ideas y productos y de buscar nuevas oportunidades de mercado.

En esta etapa de cambios, las empresas buscan elevar índices de productividad, lograr mayor eficiencia y brindar un servicio de calidad, lo que está obligando a que los gerentes adopten modelos de administración participativa, tomando como base central al elemento humano, desarrollando el trabajo en equipo, para alcanzar la competitividad y responder de manera idónea la creciente equipo, para alcanzar la competitividad y responder de manera idónea la creciente equipo, para alcanzar la competitividad y responder de manera idónea la creciente

demanda de productos es de óptima calidad y de servicios a todo nivel, cada vez más

eficiente, rápido y de mejor calidad.

CAPITULO III

En este capítulo se analizarán los resultados y beneficios que brindo la encuesta de calidad en el servicio al cliente por medio de gráficas donde se observó y se analizaron los resultados de los clientes   encuestados.   Para   determinar   la importancia que se le da a la calidad en el servicio al cliente y así brindar propuestas de mejora se pueden realizar.

CAPITULO III

ANÁLISIS DE RESULTADOS

Al referirse que tan profesional es nuestra empresa los clientes manifestaron como moderadamente profesional, otra de las preguntas en las cuales se expuso el tema del servicio al cliente dado por la empresa, los clientes expusieron su inconformidad con el servicio brindado por la empresa como se expondrá más adelante mediante gráficos.

En lo que se refiere a la calificación de la atención el cliente lo califica entre bien y regular lo que indica que el empresario no se ha preocupado por brindar un servicio de calidad, ya que 4 de cada 5 personas no consideran como excelente el servicio o por lo menos muy bien.

Es necesario que los empresarios se preocupen por brindar un servicio de calidad que a largo plazo les puede generar mayores clientes, ventas y en consecuencia utilidades.

Si se analiza por que los clientes generan contratos de servicio en la empresa es realmente por los convenios y precios ofrecidos por dicha empresa, aparte como un factor secundario la ubicación del negocio, el cliente busca su comodidad y lo principal un buen servicio de Calidad.

Al cuestionar que aspectos mejorar para lograr una mejor atención los clientes indicaron que la atención al cliente y adicionalmente la presencia del personal lo que indica que es el recurso humano la parte esencial de cualquier organización, que debe estar preparado con los conocimientos y una actitud positiva para atender con calidad al cliente.

El factor que influye en la deficiente atención al cliente desde la perspectiva del mismo, es la falta de interés por parte de los líderes y gerentes en la capacitación de su personal, la capacitación es una obligación por parte de los empresarios y así se establece en la Ley Federal del Trabajo, sin embargo muchos no cumplen con las leyes, ni en su propio beneficio. Al ofrecer los conocimientos sobre el desempeño de las funciones a realizar y sobre los productos y servicios, el beneficiado es el empresario por que brinda un mejor servicio a través de los empleados. En lo que respecta a la falta de experiencia de los empresarios, se considera que es falta de conocimientos, se deben establecer las bases generales de cómo manejar una empresa, la formación de una cultura empresarial que guíe la administración de la empresa.

La atención al cliente es una obligación del empresario, pero también el cliente debe exigir mejor trato, en la medida de que los clientes reaccionen y exijan a los empresarios, se percataran de la importancia indispensable que son para la empresa. La atención al cliente es una obligación del comerciante por que el cliente merece un mejor trato. La concientización de una buena atención al cliente debe realizarse entre las personas que brindan el servicio con la finalidad de que mejoren los procesos y trato al cliente, el beneficio directo es para los empresarios ya que podrán mantener y aumentar el número de clientes. El análisis de los resultados del cuestionario se realizó con gráficas de porcentajes.

PREGUNTA 1. - How professional is our company?

1. How professional is our company?

How professional is our company?   Extremely professional
Very professional
Moderately professional
Slightly professional
Not at all professional

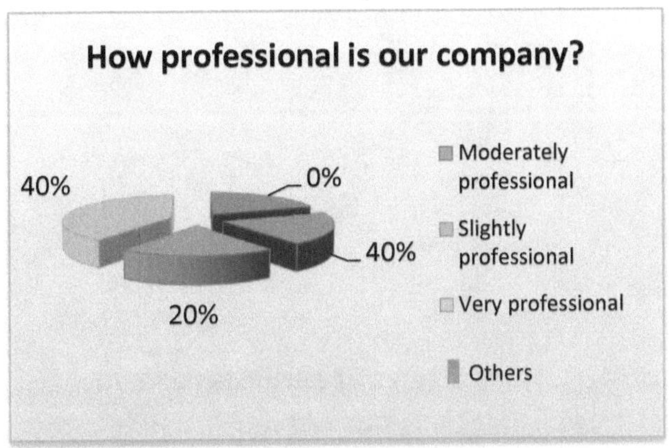

Gráfica 3.1 How professional is our company?

La Mayoría de las respuestas dadas por nuestros clientes se muestran a continuación de manera gráfica e indican un % de la misma, un (40%) respondieron como ´´Moderately profesional´´, un (20%) para ´´Slightly profesional´´, un (40%) ´´Very profesional´´ y (0%) Others.

Se desprende de la gráfica que un alto porcentaje de los clientes de la compañia consideraron como profesional nuestra empresa. A futuro se seguirá trabajando para elevar este número de clientes satisfechos y exista una gran diferencia a lo que muestra este gráfico.

PREGUNTA 2. - How often our services resolve your needs?

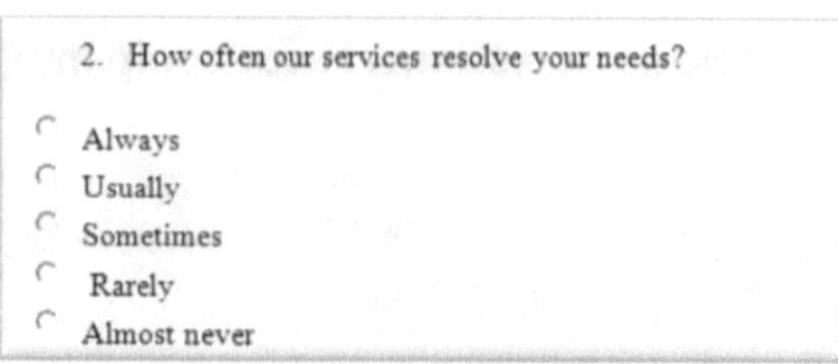

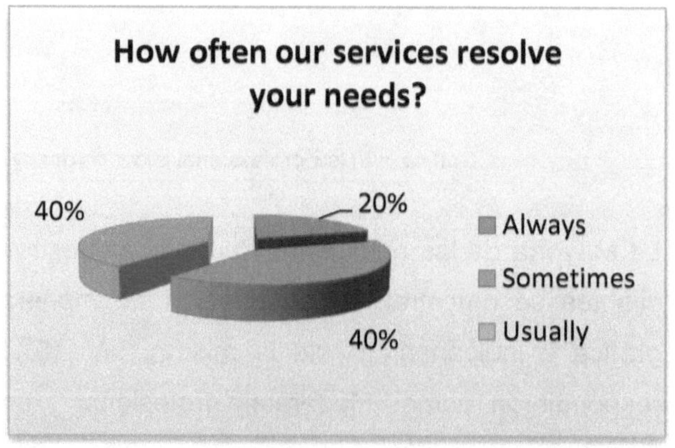

Gráfica 3.2 How often our services resolve your needs?

Por lo que se observa en las gráfica, se puede corroborar, que los clientes muestran un porcentaje dividido en relación a nuestro servicio un (20%) respondió ''Always'', un (40%) ''Sometimes'' y el otro (40%) ''Usually''. Lo cual muestra un porcentaje alto entre estas dos opciones de ''Sometimes'' y ''Usually''. Por lo que debemos trabajar para minimizar este 40% de las respuestas dadas como ''Sometimes'' ya que debemos atender a nuestros clientes en tiempo y momento.

PREGUNTA 3. - How well do you feel that our company understands your needs?

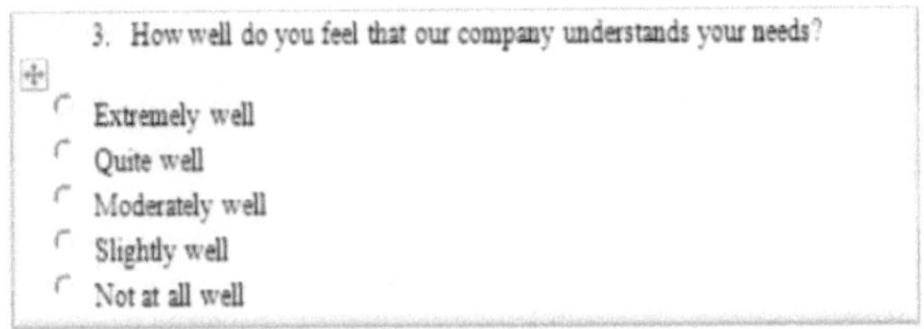

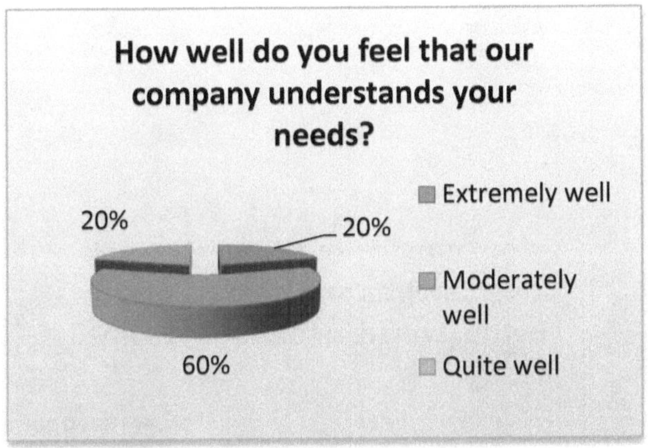

Gráfica 3.3 How well do you feel that our company understands your needs?

Según la gráfica se puede observar que la mayoría de los clientes respondió con un alto porcentaje en la opción de ''Moderately Well'' esto a un (60%) , en lo que respecta a ''Extemely Well ''y ''Quite Well'' lo indica a un (20%) de las respuestas dadas por nuestros clientes. Se deberá trabajar para elevar este número de respuestas a un grado de ''Extremely Well''.

PREGUNTA 4. - Compared to our competitors, is our Services and product quality better, worse, or about the same?

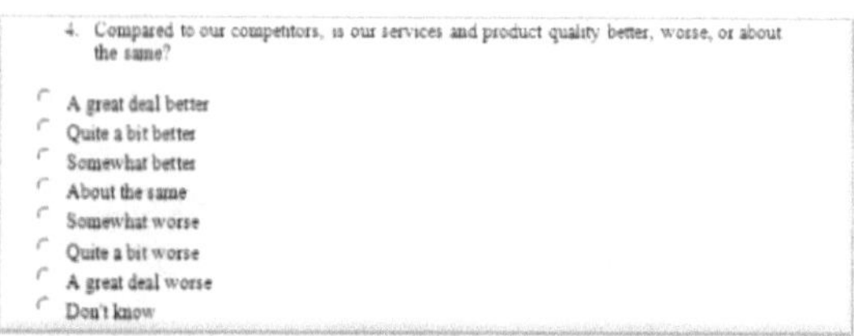

Gráfica 3.4 Compared to our competitors, is our Services and product quality better, worse, or about the same?

Según las respuestas dadas por nuestros clientes muestran que un (40%) indico como ''A great deal better'', un (20%) ''About the same'', ''Quite a bit better, y ''Somewhat better''.Esto relacionado con la Calidad de nuestros Servicios y Productos.

PREGUNTA 5. - Compared to our competitors, are our prices higher, lower, or about the same?

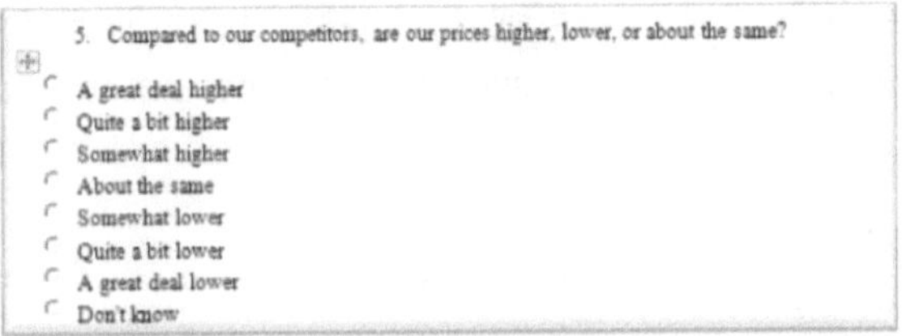

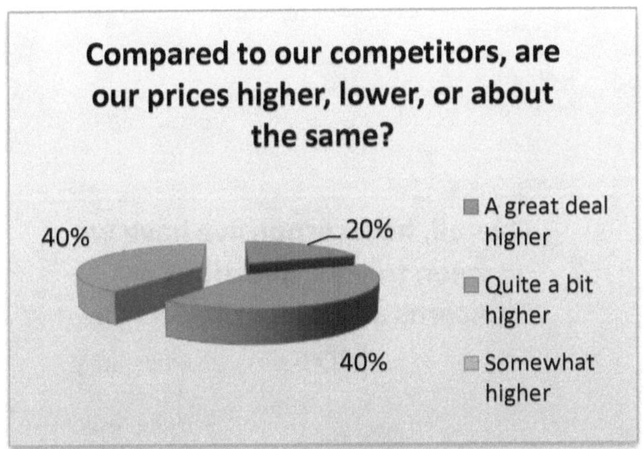

Gráfica 3.5 Compared to our competitors, are our prices higher, lower, or about the same?

En comparación con nuestros competidores, nuestros precios son mayor, menor o igual los clientes respondieron de la siguiente manera un (40%) para''Quite a bit higher'' y ''Somewhat higher'' y un (20%) para ''A great deal higher'' .Esto de acuerdo a como los clientes se ven impactados con nuestros precios ante la competencia.

PREGUNTA 6. - Overall, how responsive have we been to your questions or concerns about our product Or Services?

6. Overall, how responsive have we been to your questions or concerns about our product Or Services?

- Extremely responsive
- Quite responsive
- Moderately responsive
- Slightly responsive
- Not at all responsive

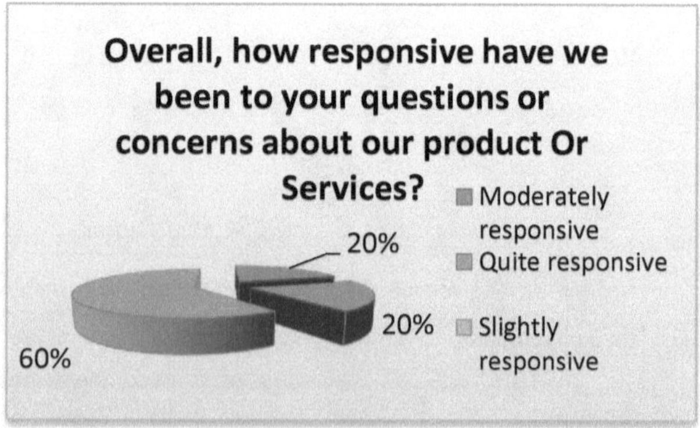

Gráfica 3.6 Overall, how responsive have we been to your questions or concerns about our product Or Services?

En relación a cómo hemos sido receptivos a las preguntas o inquietudes acerca de nuestros productos o servicios dados hacia los clientes, respondieron lo siguiente, con un porcentaje alto de un (60%) para ''Slightly responsive'', un (20%) para ''Moderately responsive'' y ''Quite responsive''. En este punto se tiene una alerta ya que el cliente expuso un alto ''Slightly responsive'' de lo cual se debe trabajar con los líderes y gerentes para atacar este problema.

PREGUNTA 7.- Overall, are you satisfied with the services that give our employees in our company, neither satisfied nor dissatisfied with them, or dissatisfied with them?

7. Overall, are you satisfied with the services that give our employees in our company, neither satisfied nor dissatisfied with them, or dissatisfied with them?

- Extremely satisfied
- Moderately satisfied
- Slightly satisfied
- Neither satisfied nor dissatisfied
- Slightly dissatisfied
- Moderately dissatisfied
- Extremely dissatisfied

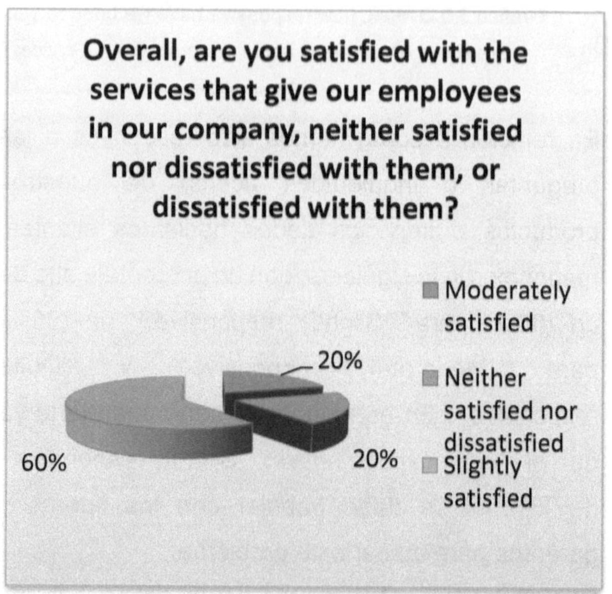

Gráfica 3.7 Overall, are you satisfied with the services that give our employees in our company, neither satisfied nor dissatisfied with them, or dissatisfied with them?

El cliente respondió lo siguiente, A si está satisfecho con los servicios que nuestros empleados dan en nuestra empresa y en un alto porcentaje el (60%) indico ''Slightly satisfied'' y un (20%) a ''Moderately satisfied'' y ''Neither satisfied nor dissatisfied'' .En este Punto se debe trabajar con nuestros empleados ya que nuestros clientes se están llevando una impresión no muy satisfecha de nuestros servicio, por ende ay que tener más énfasis y crear planes de acción.

PREGUNTA 8. - Do you like our customer services, neither like nor dislike it, or dislike it?

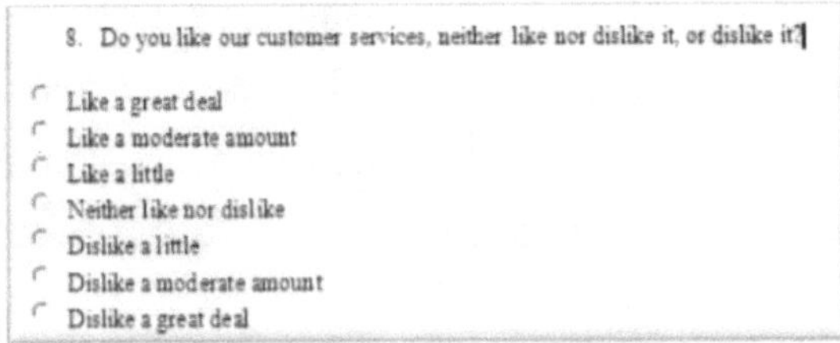

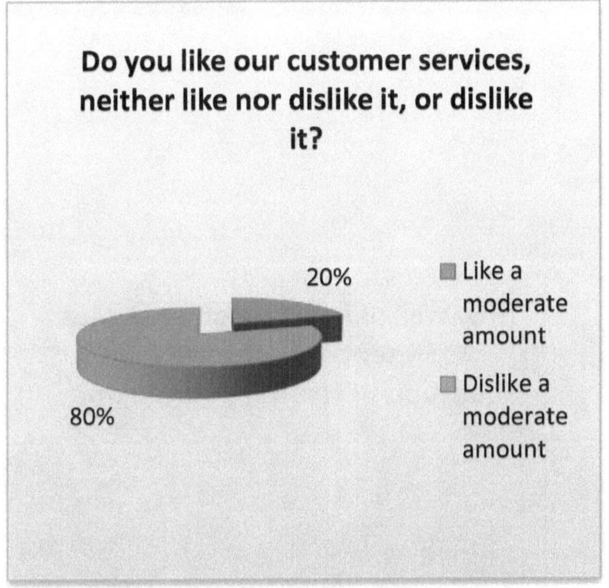

Gráfica 3.8 Do you like our customer services, neither like nor dislike it, or dislike it?

En esta pregunta el cliente fue muy claro al exponer su inconformidad de nuestro servicio brindado en la empresa dio un (80%) para la opcion ''Dislike a moderate amount'' y el resto un (20%) ''Like a Moderate amount''. Se tiene que trabajar en base a puntos estratégicos para disminuir este % tan elevado de inconformidad de nuestro servicio.PREGUNTA 9. - How well did our customer service representative answer your question or solve your problem?

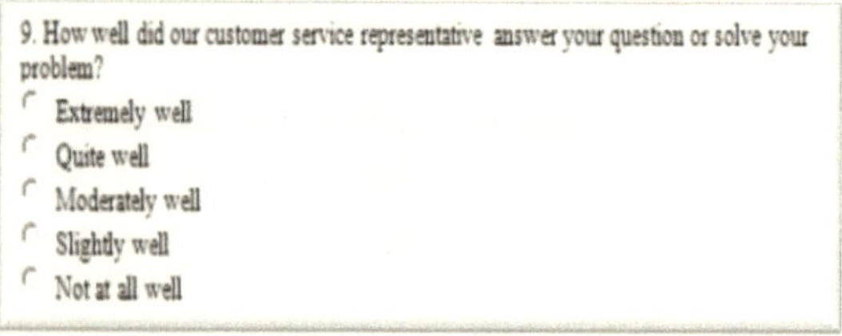

9. How well did our customer service representative answer your question or solve your problem?
- Extremely well
- Quite well
- Moderately well
- Slightly well
- Not at all well

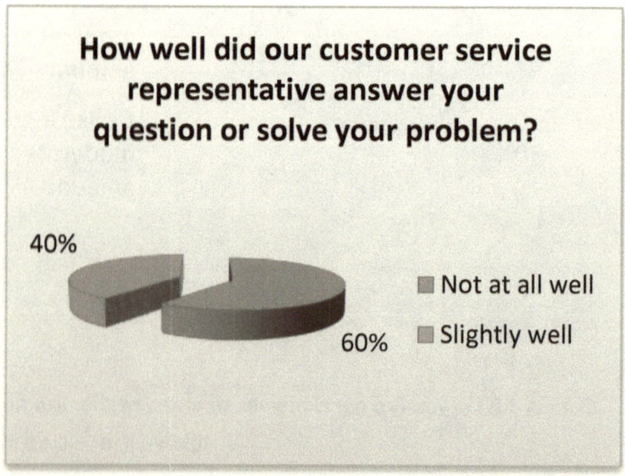

Gráfica 3.9 How well did our customer service representative answer your question or solve your problem?

Los clientes externaron en esta pregunta en particular que no estaban recibiendo un buen servicio al cliente de parte de la empresa por lo que dieron un (60%) a ''Not at all well'' y un (40%) a Slightly well. Se debe trabajar en este énfasis en particular ya que si no se brinda un servicio de calidad la empresa misma mostrara más problemas a futuro.

PREGUNTA 10. - How likely is it that you would recommend this company to a friend or colleague with respect our services?

10. How likely is it that you would recommend this company to a friend or colleague?

Not at all likely - 0   1   2   3   4   5   6   7   8   9   Extremely likely - 10

1   2   3   4   5   6   7   8   9

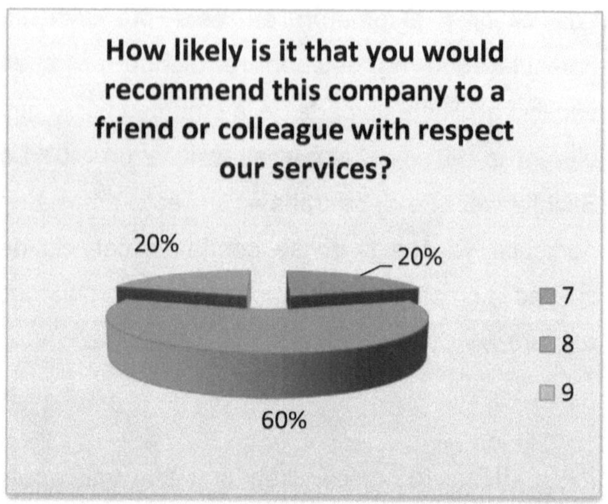

Gráfica 3.10 How likely is it that you would recommend this company to a friend or colleague with respect our services?

Qué probabilidades hay de que usted recomendaría esta empresa a un amigo o compañero de trabajo con respecto a nuestros servicios el cliente menciono lo siguiente un (20%) dio una calificación de 7 y 9 y el resto dio un (60%) con una calificación de 8.

CAPITULO IV

En el último capítulo de este proyecto se darán las conclusiones y las recomendaciones que

pueda ofrecer esta tesis. Para proponer mejoras en la forma de observar la calidad en el servicio al cliente, así como para las estrategias relacionadas con ello y se identificaran oportunidades de mejora en la organización.

CAPITULO IV

CONCLUSIONES Y RECOMENDACIONES

Se realizó esta investigación con la finalidad de contribuir al mejoramiento del servicio que se brinda actualmente en la empresa dedicada al ramo de las tintas de impresión Site 1 de Ciudad Juárez (Oficinas, 2014), debido a que es una ciudad que se ha dedicado por años a la actividad comercial, sin embargo el trato a los clientes no ha mejorado por la falta de preparación de las personas que dirigen las empresas, sin comprender que el cliente es la razón de toda empresa y por ello se les debe brindar el mejor servicio.

Es necesario proporcionar a los empresarios los conocimientos básicos de qué es una empresa, mencionar qué es la filosofía y qué actividades involucra, qué actividades realizar para alcanzar los objetivos de la empresa y la visión de cómo se ve la empresa en el futuro para establecer objetivos ambiciosos y realizables ayudando a mejorar la condición económica de las empresas y también el desarrollo económico de la ciudad, que se genera con la actividad comercial que ofrecen las empresas. En los valores adquiridos a través del tiempo se fundamentan las actitudes de las personas, así mismo en la empresa, se basan en la filosofía, Misión y valores corporativos por ello es necesario que la atención al cliente y trato amable se establezca como un valor para la empresa que sus empleados puedan aprender y poner en practica constantemente.

Al realizar la investigación se detectó que hace falta cultura empresarial entre los empresarios del Site1 (Oficinas, 2014) y por esta razón se presenta una baja calidad en el servicio. Se presentan deficiencias principalmente al no conocer la razón de ser de la empresa; seguido de la falta de una filosofía que guíe las actividades de la empresa.

Específicamente en los resultados de las encuestas aplicadas a empleados se observó que la razón de ser de las empresas es mantener clientes contentos, obtener utilidades y vender productos y Ofrecer servicios de Calidad, lo que indica que no tienen bien definida la filosofía de la empresa.

Los empleados consideran que sus clientes están contentos porque algunos de estos regresan y no se quejan, sin embargo no es una manera adecuada de evaluar el servicio. Por otra parte los clientes consideran que los empresarios deben mejorar la calidad en el servicio, contratando el personal que tenga las actitudes para atender adecuadamente al cliente y ofrecerle capacitación sobre aspectos generales de la empresa, esto como parte de sus obligaciones para la empresa y los clientes.

El cliente es el activo de cualquier empresa y sin él no existirían las empresas, aunque los clientes son diferentes se agrupan por características de las cuales el empresario puede ayudarse para satisfacer sus requerimientos. El saber quiénes son los clientes ayuda a ofrecer un mejor servicio, debido a que se conocen gustos y preferencias, en ocasiones los clientes tienen una idea general de lo que desean y con la orientación del personal de ventas sobre el producto podrán tomar la decisión de compra. Se debe entender lo que el cliente quiere, no lo que la empresa quiere vender.

La función de la empresa es auxiliarlo, brindarle información adecuada y atención personalizada que haga sentir importante al cliente con la finalidad de que regrese a realizar sus compras a la empresa.

Los principales puntos a seguir para implantar calidad en el servicio en la empresa son:

1. Establecer una filosofía y valores corporativos que integren la calidad y el servicio   como un elemento esencial para tener clientes contentos.

2. Conocer el producto y servicio que el personal conozca su uso y manejo adecuado para   poder brindar la información adecuada al cliente.

3. Adecuar las mejores condiciones de almacenamiento y distribución de los servicios

   Y productos.

4. Tener conocimiento de los gustos y preferencias de los clientes para tener a la   disposición los productos que ellos necesitan.

5. Capacitar al personal de ventas sobre la atención al cliente y mejorar los aspectos de   actitud.

La calidad en el servicio que brinde en la empresa debe incluir elementos:

• Tangibles: ubicación del negocio, ambientación, entorno físico, equipo y   personal.

• Confiabilidad: Capacidad de realizar el servicio adecuadamente, precisión, buenas condiciones, calidad del producto y disponibilidad del inventario.

• Capacidad de respuesta: Rapidez en el servicio, capacidad en la respuesta del número de clientes que pueda atender al mismo tiempo.

• Empatía: Atención personalizada, amabilidad, cortesía, consideración y atención a los clientes, escuchar a los clientes y actitud positiva.

Misión

Inventar lo útil y significativo. Lo útil en el sentido que nuestras contribuciones liberen a los negocios y a los consumidores para que puedan enfocarse en lo que ellos más les interesa. Lo significativo en el sentido que nosotros no solo queremos obtener ganancias si no que queremos hacer la diferencia .Ofrecer productos, servicios y soluciones de la más alta calidad y entregar más valor a los clientes ganando su respeto y lealtad. (Mexico)

Valores Fundamentales:

➢ La continuidad de su éxito depende del crecimiento de la fidelidad de nuestros clientes.

- Escuchar con atención a los clientes para comprender verdaderamente sus necesidades y ofrecerles luego soluciones que se traduzcan en éxitos es fundamental para obtener su lealtad.
- El costo total competitivo de propiedad, calidad e inventiva y la manera en que llevamos a cabo nuestras actividades comerciales impulsan la lealtad de los clientes.
- Lograr una ganancia suficiente para financiar el crecimiento de la empresa, crear valor para accionistas y proveer los recursos que necesitamos para alcanzar los otros objetivos corporativos.
- La ganancia es responsabilidad de todos.
- El equilibrio entre los objetivos de largo y corto plazo es la clave de la rentabilidad.
- La ganancia nos permite reinvertir en nuevas oportunidades de negocios.
- La ganancia guarda una estrecha relación con la generación de efectivo, lo cual trae más flexibilidad a los negocios a un costo más bajo.
- La ganancia permite alcanzar los objetivos corporativos.

Crecer mediante el ofrecimiento continuo de productos, servicios y soluciones útiles y significativas a los mercados que ya atienden y expandirse en nuevas áreas que profundizan sus tecnologías, capacidades e inter-eses de los clientes.

Valores Fundamentales:

> ➤ Consideran los cambios del mercado como una oportunidad de crecimiento; utilizan sus ganancias y capacidades para desarrollar y producir novedosos productos, servicios y soluciones que satisfagan las incipientes necesidades de los clientes.

> ➤ Hay crecimiento cuando se corren riesgos inteligentes, según el estado de la industria, lo que requiere una convicción tanto para estudiar las tendencias como para inducir cambios en su industria.

> ➤ Nuestro tamaño (y la diversidad de negocios) les da la habilidad de hacerle frente a los ciclos económicos y ponerlos a su favor.

> ➤ Ayudar a que los empleados de HP compartan el éxito de la compañía que con su trabajo hacen posible; brindarles

oportunidades de empleo basado en el desempeño; crear en forma conjunta un entorno laboral seguro, interesante e incluyente que valore sus diversidades y reconozca las contribuciones individuales; contribuir a que obtengan un sentido de satisfacción y logro en sus tareas.

➤ El desempeño de HP comienza con empleados motivados; su lealtad es fundamental.

➤ Confían en que sus empleados harán lo correcto marcando una diferencia.

➤ Todos tienen algo para contribuir: No se trata de título, nivel o posesión.

➤ Un entorno de trabajo interesante y estimulante es primordial para favorecer el poder de inventiva.

➤ Una fuerza de trabajo diversificada aporta una ventaja competitiva.

➤ Los empleados se responsabilizan por recorrer un proceso de aprendizaje que nunca termina.

➤ Desarrollar líderes en cada nivel que se responsabilicen de obtener los resultados comerciales y ser un ejemplo de todos los valores.

> Los líderes inspiran, fomentan la colaboración y transformar la visión y las estrategias en acción, con objetivos claros y precisos.

> Los líderes efectivos entrenan, transmiten las noticias buenas y malas y hacen comentarios que surten efecto.

> Los líderes demuestran tener un conocimiento de sí junto con una disposición a aceptar comentarios y a continuar desarrollándose.

> Los líderes se expresan con unanimidad y actúan para eliminar la tarea laboriosa que no es productiva.

> Es importante medir a las personas según los resultados que obtienen comparados con los objetivos que ayudaron a crear.

Visión

En la Compañía dedicada al ramo de las tintas de impresión Site 1 creemos en que el verdadero poder radica no solo en la tecnología sino también en las personas y los negocios la utilizan para alcanzar sus objetivos, deseos, ambiciones y metas. En cómo esta incrementa su capacidad inventiva. Queremos por lo tanto, fortalecer un mundo donde la tecnología nos libera y no nos cohíba, un mundo donde la tecnología trabaje para nosotros y no al contrario. La visión de la compañia es ser un activo económico, intelectual y social para cada país y comunidad donde hacemos negocios.

Buenos ciudadanos significa buenos negocios. Hacemos honor a nuestra responsabilidad hacia la sociedad siendo un capital económico, intelectual y social para cada país y comunidad donde desarrollamos nuestras actividades comerciales.

Objetivos de Calidad

Responder de manera efectiva y honesta a los requerimientos y expectativas de nuestros clientes internos y externos. A fin de incrementar permanentemente su satisfacción. Fomentar un ambiente de trabajo cordial y humano para nuestros colaboradores estimulando Su desarrollo personal y profesional. Consolidar el crecimiento de HP a través de la implantación de nuevos modelo Tecnológicos. Aportar valor a la compañía a través del desempeño productivo y la generación de ahorros en todos los procesos. Actualmente la compañía está realizando un gran esfuerzo en conjunto con sus empleados para dar un buen servicio al cliente de calidad y para ello se deben conocer los aspectos Generales que guían las actividades de la empresa. Los empresarios de la compañía necesitan tener presente el concepto de servicio al Cliente, debido a que en muchas ocasiones no consideran este punto como clave para un buen desarrollo y funcionamiento de la empresa como tal. Cabe mencionar que no todos los clientes tienen la misma naturaleza. Algunos representan una fuente fiable de rentabilidad; otros en cambio no. Se debe realizar un balance delicado, especialmente en sus centros de contacto reducir los costes de atraer, retener y compensar a sus mejores clientes y mejorar la experiencia de los clientes para crear clientes leales y satisfechos.

La compañía ha estado tratando de proporcionar unos servicios efectivos y eficientes que le permitan reclutar, mantener y recompensar a sus mejores clientes en cualquier parte del mundo. Transformando su centro de contacto con los clientes en un centro de retención de clientes con multitud de canales, que genera beneficios. Procesan y administran los pedidos en operaciones directas con los clientes. Replican y distribuyen software por todo el mundo. Automatizan su sistema de procesamiento de reclamaciones de garantía. Estos también deben de cubrir las necesidades y las preferencias únicas de cada cliente durante todo su ciclo de vida como cliente marketing, ventas, procesamiento de pedidos, envíos y logística, servicio de atención al cliente. La compañía trata de proporcionar un enfoque que alcanza y supera a la competencia.

La misión y la visión son pilares básicos del desempeño de nuestra empresa ya que en estos se establece la razón de ser de la empresa y lo que se desea llegar a ser en el futuro, así mismo los valores guían las actitudes de las personas que laboran en nuestra empresa generando la imagen de esta y la calidad de servicio que se refleja en el conocimiento y el compromiso que tienen los empleados con la misma. Sin embargo no solo la disposición y conocimientos que tengan los empresarios para guiar a la empresa influyen en el desempeño de esta, también intervienen los recursos humanos, sus habilidades, los factores económicos, tecnológicos, los competidores, entre otros.

GLOSARIO DE TERMINOS

Site1: Ubicación de la Empresa.

Calidad: Cumplir con los requerimientos. Características del producto o servicio que satisfacen las necesidades del cliente. Nivel de excelencia que una empresa decide alcanzar para satisfacer a su clientela clave.

Calidad en el servicio al cliente: es la satisfacción total de las necesidades del cliente, mediante la prestación de actividades esencialmente intangibles con un valor agregado y el cumplimiento de los requisitos adecuados al producto o servicio.

Calidad de vida: Propiciar sistemáticamente en los integrantes de la empresa una mejora continua en la satisfacción de sus requerimientos profesionales y personales.

Calidad total (integral): Cumplir sistemáticamente los requerimientos de todos los componentes de una empresa: Personas, sistemas, procesos, técnicas, valores, cultura y actitudes.

Capacitar: Incrementar los conocimientos, las habilidades y/o las actitudes requeridas en el personal.

Características del producto: Corresponden a particularidades que aumentan la satisfacción del cliente y que constituyen un tipo de calidad del servicio.

Ciclo de la calidad: Modelo conceptual de las actividades interdepartamentales que influyen sobre la calidad de un producto o servicio a lo largo de todas sus fases, desde la identificación de las necesidades del cliente, hasta la evaluación del grado de satisfacción de éstas.

Ciclo del servicio: Mapa de los Momentos de verdad, en el que se presenta la secuencia lógica y el orden de los mismos.

Cliente: Quien recibe un producto o servicio. Los clientes pueden ser internos o externos. Es el punto de partida de una estrategia de servicio.

Clientes externos: Organización o persona que recibe un bien o un servicio, pero que no forma parte de la empresa que lo suministra.

Clientes internos: Departamento o persona que recibe el producto de otro departamento o persona pertenecientes a la misma organización.

Cliente potencial: Quien pudiera recibir el producto y/o el servicio.

Cliente que paga: Persona y/u organización que remunera por el producto y/o el servicio.

Competencia: Aquella empresa que hace o presta los mismos productos (servicios) o productos sustitutos (servicios sustitutos) de los nuestros.

Competitividad: La capacidad de permanecer en el mercado.

Competitivo: La capacidad de hacer algo al nivel de los mejores del mundo.

Compromiso: Obligación de cumplir lo pactado.

Comunicación: Transmisión efectiva de información.

Confiabilidad: Grado en que un producto presta el servicio adecuado al uso sin fallar bajo las condiciones de diseño y conformación.

Consumidor: Quien usa nuestro producto o servicio.

Control estadístico de la calidad: Término utilizado para describir la utilización de las herramientas estadísticas que ayudan a controlar la calidad de los procesos operativos.

Control total de calidad: Sistema eficaz para integrar los esfuerzos en materia de calidad, realizados de manera integral, por todas las áreas e individuos de una organización, de modo que sea posible producir bienes y servicios a los niveles económicos y que sean compatibles con la plena satisfacción de los clientes.

Controlar: Evaluar el cumplimiento del requerimiento y efectuar la corrección.

Costos: Los gastos que se tienen de un producto o servicio, sin incluir utilidades.

Costos de calidad: Los gastos generados por asegurar que los productos, los servicios, los procesos y los sistemas cumplan con los requerimientos.

Costos de no calidad: Los costos ocasionados por no cumplir con los requerimientos de los productos, los servicios, los procesos y/o los sistemas.

Costos de inspección y control: Todos los gastos realizados para controlar la calidad.

Costos de prevención: Todos los gastos realizados para impedir que se produzcan errores y hacer las cosas bien desde el primer momento.

Costo total de calidad: Suma de los costos de calidad y no calidad.

Creatividad: La capacidad de innovar.

Cultura: Conjunto de valores, creencias y costumbres de un grupo social.

Cultura de calidad: Conjunto de valores, creencias y costumbres de un grupo social orientados sistemáticamente a cumplir con los requerimientos de calidad.

Cultura organizacional: Conjunto de sistemas formales e informales que se practican en una organización. Forma de vida de la organización.

Datos: Información que permite conocer objetivamente los hechos.

Manual(es): Conjunto organizado de documentos.

Mejora continua: Una técnica administrativa que permite la creación sistematizada de un cambio constante y beneficioso.

Misión: La manifestación de la razón de ser de la empresa.

Momento de la verdad: Instante en que el cliente se pone en contacto con la organización y sobre la base de este contacto se forma una opinión acerca de la calidad del producto o servicio.

Necesidades del cliente: Características reales de calidad que el cliente requiere, precisa, exige, emplea como criterios para adquirir un bien o servicio.

Objetivos: Resultados que la empresa espera obtener, fines por alcanzar, establecidos cuantitativamente y determinados para realizarse transcurrido un tiempo específico.

Organización: es una estructura sistematizada de personas, elementos materiales y tecnología con la finalidad de alcanzar ciertos objetivos.

Plan de acción: Actividades programadas para resolver un problema y/o innovar un producto, sistema y/o proceso.

Políticas: Guías para orientar la acción. Criterios o lineamientos generales por observar en la toma de decisiones, sobre problemas que se repiten una y otra vez dentro de una organización.

Procedimiento: Serie sistemática de acciones dirigidas a lograr un requerimiento.

Producto: El resultado de un proceso.

Satisfacción total del cliente: Se obtiene cuando las características de un producto y/o servicio cumplen con las necesidades y expectativas del cliente.

Servicio: Trabajo realizado por una persona en beneficio de otra.

El servicio también incluye el trabajo que se realiza para otra persona dentro de la empresa.

Servicio esperado: Servicio que el consumidor considera que recibirá de un

proveedor de servicios.

Servicio percibido: Servicio que el cliente piensa que recibió de un proveedor de servicio.

Servicio de calidad: El resultado de un proceso que cumple los requerimientos.

Sistema: Conjunto organizado de procedimientos, operaciones y métodos relacionados entre sí que contribuyen a realizar una función.

Sistema de calidad: Estructura organizacional, conjunto de recursos, responsabilidades y procedimientos establecidos para asegurar que los productos, procesos o servicios cumplan satisfactoriamente con los requisitos.

BIBLIOGRAFIA

(1987), B. (s.f.). *Tesis*. Obtenido de
http://catarina.udlap.mx/u_dl_a/tales/docu
mentos/macm/mateos_z_mm/capitulo2.pd
f

A. Paras uraman, V. Z. (1985). *A Conceptual
Model of Service Quality and its
Implications for Future Research*. Journal
of Marketing 49 (Fall 1985).

Aguilera, O. (4 de Febrero de 2013). *La relacion
con el Cliente*. Obtenido de iat:
http://www.iat.es/2013/02/el-lienzo-de-tu-
modelo-de-negocio-la-relacion-con-el-
cliente/

Antecedentes de la Calidad. (2013). Obtenido de
Antecedentes.net:
http://www.antecedentes.net/antecedentes
-calidad.html

Castillo, J. L. (2012). *Calidad de Servicio.*
Obtenido de Keisen:
http://www.keisen.com/portal/wp-
content/uploads/2009/12/Corrientes-de-
Calidad-en-Servicio.pdf

Celis, D. H. (2014). *La Gestion Empresarial*.
Obtenido de Monografias:

http://www.monografias.com/trabajos81/ge
stion-empresarial-desarrollo-
mypes/gestion-empresarial-desarrollo-
mypes2.shtml

Coello, A. A. (2013). *La Gestion de la Calidad :
Conceptos Basicos*. Obtenido de
Pendiente de Migracion:
http://pendientedemigracion.ucm.es/centro
s/cont/descargas/documento10123.pdf

Cook, R. v. (2002). *Quality System*. Retrieved from
Scholarship:
http://scholarship.sha.cornell.edu/cgi/viewc
ontent.cgi?article=1134&context=articles

Crespo, I. G. (16 de Marzo de 2010). *Calidad*.
Obtenido de gestiopolis:
http://www.gestiopolis.com/administracion-
estrategia/calidad-definicion-evolucion-
historica.htm

De Kotler Philip, B. P. (2004). *El marketing de
Servicios Profesionales*. Editorial Paidós
SAICF.

De Lamb Charles, H. J. (2002). *Marketing*.
International Thomson Editores.

Deming, D. E. (2013). *Calidad total y
Neoliberalismo*. Obtenido de Monografias:
http://www.monografias.com/trabajos55/ca

lidad-total-y-neoliberalismo/calidad-total-y-neoliberalismo.shtml

El Codigo de Hammurabi. (28 de Julio de 2007). Obtenido de Historia Clasica : http://www.historiaclasica.com/2007/05/el-cdigo-de-hammurabi.html

Forero, Á. G. (Marzo de 2012). *Evaluacion de la Calidad de Servicio*. Obtenido de Biblioteca: http://biblioteca.utec.edu.sv/siab/virtual/tesis/55422.pdf

Gomez, M. G. (2004). *MODELO DE SERVICIO DE ATENCION AL CLIENTE CON APOYO TECNOLOGICO*. Obtenido de Uchile: http://www.tesis.uchile.cl/tesis/uchile/2004/moya_m/sources/moya_m.pdf

Heskett, S. y. (2003). *Cadena de Valor de Beneficio en empresas de servicio*. Obtenido de 12manage.com: http://www.12manage.com/methods_heskett_value_profit_chain_es.html

Hewlett Packard. (1939). Obtenido de Hewlett Packard: http://es.wikipedia.org/wiki/Hewlett-Packard

Hewlett Packard de Mexico. (s.f.). Obtenido de Hewlett Packard de Mexico: http://www8.hp.com/mx/es/hp-information/index.html?jumpid=reg_r1002_mxes

Hewlett Packard de Mexico. (1939). Obtenido de Hewlett Packard de Mexico: http://hp.com/go/history

Historia. (2013). *Historia*. Obtenido de Antecedentes . net: http://www.antecedentes.net/antecedentes-calidad.html

Ishikawa, D. K. (2013). *Calidad total y Neoliberalismo*. Obtenido de Monografias: http://www.monografias.com/trabajos55/calidad-total-y-neoliberalismo/calidad-total-y-neoliberalismo.shtml

Juran, D. J. (2013). *Calidad Total y Neoliberalismo*. Obtenido de Monografias: http://www.monografias.com/trabajos55/calidad-total-y-neoliberalismo/calidad-total-y-neoliberalismo.shtml

K, A. (15 de Octubre de 2013). *Factores en el servicio al cliente*. Obtenido de crecenegocios: http://www.crecenegocios.com/el-servicio-al-cliente/

Kafati, A. (2010). *Calidad Total*. Obtenido de
Instituto Nacional de Formación
Empresarial.:
http://www.infomanager.com.mx/portal/ind
ex.php?option=com_content&view=article
&id=45:calidad-total-en-el-servicio-al-
cliente&catid=9:artgeneral&Itemid=34

Leon Yohalmo, R. (s.f.). *Importancia de la
Capacitacion Personal*. Obtenido de
Gerencia y Empresa:
http://www.gerenciayempresa.com/docum
entos/articulos/IMPORTANCIA_DE_LA_C
APACITACION.pdf

Marketing Face to Face. (2009). Obtenido de
ModServicio al Cliente:
http://modservicioalcliente.blogspot.com/2
008/12/marketing-face-to-face.html

Muñiz, R. (2010). *Concepto de investigación*.
Obtenido de marketing:
http://www.marketing-xxi.com/concepto-
de-investigacion-de-mercados-23.htm

Oficinas Hp. (2014). Obtenido de Hewlett Packard:
http://www8.hp.com/mx/es/contact-
hp/office-locations.html

Peel, M. (1990). *Empresa*. Obtenido de
Intellectum:

intellectum.unisabana.edu.co:8080/jspui/bitstream/10818/7359/1/124297.pdf

Peters, T. (6 de Febrero de 2009). *LA CALIDAD COMO FILOSOFÍA DE GESTIÓN*. Obtenido de Pablogiugni: http://www.pablogiugni.com.ar/httpwwwpablogiugnicomarp99/

Pizzo, M. (31 de Octubre de 2013). *Mejorar la calidad del servicio permite aumentar los precios*. Obtenido de degerencia: http://www.degerencia.com/articulo/mejorar-la-calidad-del-servicio-permite-aumentar-los-precios-esta-comprobado

Power, M. (22 de Agosto de 2006). *Marketing Power*. Obtenido de American Marketing Association: MarketingPower.com

Pymes, G. d. (26 de March de 2013). *Gestion de Pymes*. Obtenido de Gestion de Pymes: http://gestiondepymes.over-blog.com/article-la-supervivencia-despues-de-crear-la-empresa-116548016.html

Quero, L. (2008). *Estrategia competitiva*. Obtenido de revistanegotium: http://www.revistanegotium.org.ve/pdf/10/Art3.pdf

Quijada Santiago, G. (2014). *La Industria Maquiladora de Ciudad Juárez*. Obtenido de UACJ: http://www2.uacj.mx/cronologia/Articulos/Maquila.htm

Richard, S. L. (2002). *Mercadotecnia*. Compañía Editorial Continental.

Satisfacer necesidades y deseos del cliente actual. (2014). Obtenido de Centro de Investigacion de Mercados: http://www.ciminvestigacion.com/satisface r-necesidades-del-cliente/

Segura, J. A. (10 de Julio de 2012). *Servicio al Cliente*. Obtenido de advantageservice: http://www.advantageservice.es/blog/item/ 16-hablemos-de-excelencia-en-el-servicio.html

Servicio Al Cliente. (2009). Obtenido de Tesis: http://catarina.udlap.mx/u_dl_a/tales/docu mentos/macm/mateos_z_mm/capitulo2.pd f

Servicio, C. d. (2010). *Concepto de Servicio*. Obtenido de Concepto.de: http://concepto.de/concepto-de-servicio/

servicio, C. e. (2013). *Extension Universitaria y Desarrollo Ejecutivo*. Obtenido de ITAM: http://desarrolloejecutivo.itam.mx/extensio

n/html/app-
progDetail.aspx?cveGen=16316&origen=
Google

Servicios. (2009). Obtenido de Udlap:
http://catarina.udlap.mx/u_dl_a/tales/docu
mentos/macm/mateos_z_mm/capitulo2.pd
f

Servir , Servicial y Servilismo. (2009). Obtenido de
TESIS:
http://www.google.com.mx/url?sa=t&rct=j&
q=&esrc=s&source=web&cd=7&ved=0CEI
QFjAG&url=http%3A%2F%2Fcatarina.udl
ap.mx%2Fu_dl_a%2Ftales%2Fdocumento
s%2Flad%2Flopez_a_e%2Fcapitulo2.pdf&
ei=CaHSVNeYAdTesATc6YLAAw&usg=A
FQjCNHh3pykEW5-
RzhcRJmm5RlqqnoaAw&sig2=wOOIGC

Shoguns. (25 de Noviembre de 2008). *Diferencias
de Autores de Calidad Total*. Obtenido de
scribd:
http://es.scribd.com/doc/8376419/Diferenci
as-de-Autores-de-Calidad-Total

Taller del Servicio al cliente. (s.f.). Obtenido de
Taller del Servicio al cliente:
http://ponce.inter.edu/html/retencion/Taller
%20de%20Servicio%20al%20Cliente.pdf

Tipos de Clientes. (12 de junio de 2013). Obtenido de Todo Marketing: http://www.todomktblog.com/2013/06/tipos-clientes.html

Whitman, M. (1939). *HP Historia*. Obtenido de HP: http://www8.hp.com/us/en/hp-information/about-hp/history/history.html

Whitman, M. (1939). *Hp Productos*. Retrieved from Hp: http://www8.hp.com/mx/es/home.html

William, D. S. (2004). *Fundamentos de Marketing*. Mc Graw Hill.

ANEXOS

ENCUESTA DE SERVICIO AL CLIENTE

1. How professional is our company?

○ How professional is our company?   Extremely professional

○ Very professional

○ Moderately professional

○ Slightly professional

○ Not at all professional

2. How often our services resolve your needs?

○ Always

○ Usually

○ Sometimes

○ Rarely

○ Almost never

3. How well do you feel that our company understands your needs?

○ Extremely well

○ Quite well

○ Moderately well

○ Slightly well

○ Not at all well

4. Compared to our competitors, is our product quality better, worse, or about the same?

○ A great deal better

○ Quite a bit better

○ Somewhat better

○ About the same

○ Somewhat worse

○ Quite a bit worse

○ A great deal worse

○ Don't know

5. Compared to our competitors, are our prices higher, lower, or about the same?

○ A great deal higher

○ Quite a bit higher

○ Somewhat higher

○ About the same

○ Somewhat lower

○ Quite a bit lower

○ A great deal lower

○ Don't know

6. Overall, how responsive have we been to your questions or concerns about our product?

○ Extremely responsive

○ Quite responsive

○ Moderately responsive

○ Slightly responsive

○ Not at all responsive

7.   Overall, are you satisfied with the
     employees at our company, neither
     satisfied nor dissatisfied with them, or
     dissatisfied with them?

○ Extremely satisfied

○ Moderately satisfied

○ Slightly satisfied

○ Neither satisfied nor dissatisfied

○ Slightly dissatisfied

○ Moderately dissatisfied

○ Extremely dissatisfied

8.   Do you like our company, neither like nor
     dislike it, or dislike it?

○ Like a great deal

○ Like a moderate amount

○ Like a little

○ Neither like nor dislike

○ Dislike a little

○ Dislike a moderate amount

○ Dislike a great deal

9. How well did our customer service representative answer your question or solve your problem?

○ Extremely well

○ Quite well

○ Moderately well

○ Slightly well

Not at all well

10. How likely is it that you would recommend this
company to a friend or colleague?

| Not at all likely - 0 | 1 | 2 | 3 | 4 | 5 | 6 | 7 | 8 | 9 | Extremely likely - 10 |